U0111662

大展好書 好書大展

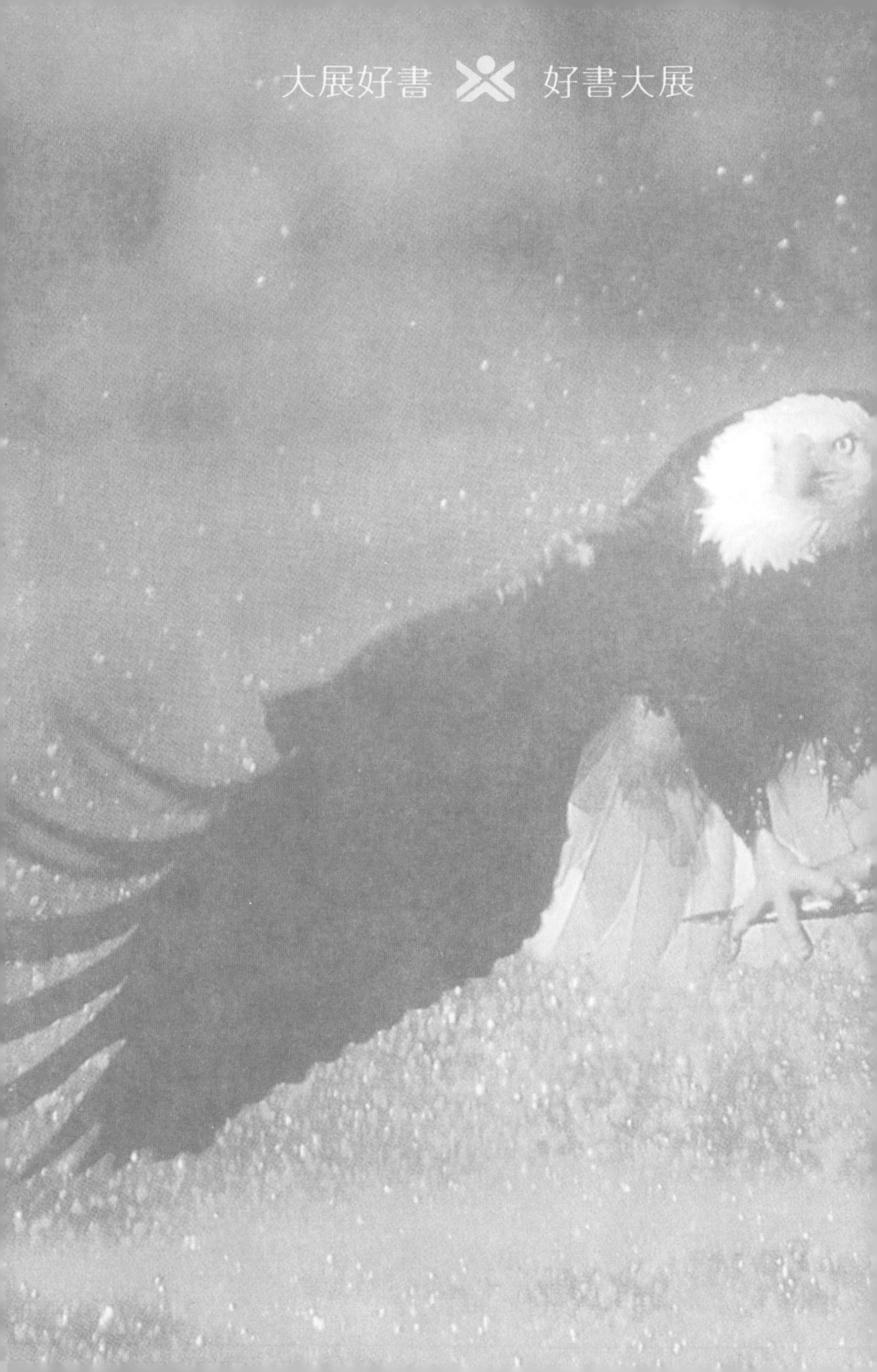
大展好書 好書大展

命理與預言29

秘咒魔法開運術

吳慧玲／編譯

大展出版社有限公司　印行

前言

一本叫《山姆愛魯》的書，記載有關山姆愛魯這個預言家的一些故事。

書裡出現的安德那魔女，是出現最早的魔女，她能使用各種千奇百怪的咒術。由於對咒術產生了極大的興趣，嚐試多方面去接觸有關這方法的書，於是知道咒術這門學問的深奧。但是卻無法具體的去實踐，常常被人問起咒術實踐的方法，但得到的反應卻是「真的嗎？真的有效嗎？」

本書介紹的幾乎都是白咒術，因為黑咒術常被人所誤用，所以本書儘量不去談它，在了解黑咒術誤用的危險性之後，本書就有關白咒術方面，為各位介紹。

只要你誠心誠意，集中精神去施法，一定可以讓你如願以償的。

現在，有關這方面的電影十分流行。如果就你對魔法的認識來說，這些電影或許有助於你對它進一步的了解。

所謂的魔法，就是從心靈深處將自己喚出的一種巫術，不能有半點玩笑意味，以真誠的心施法和認真的態度面對它，你就是一位偉大的魔法家了。

目錄

咒術、魔法入門

咒的誕生

在往德國慕尼黑的大科學博物館見習時，我們了解了一件十分有趣的事實。例如汽車，從小，我們就知道是達姆拉發明的。

某天，在一個晴朗的早晨，達姆拉突然看到修車廠的門，左右地擺動，這也可說是最原始的方式，鼓動鐵的心臟，邁向發明的未來。

我們想像當時汽車發明的光景，曾幾何時，我們有種錯覺，它已成為過去的歷史了。達姆拉用其超人的智慧及卓越的技術，而創造出引擎，繼而輪胎、方向盤……等東西，這些全都在他的修車廠裡發明出來的。類似這樣的人，實在少之又少。

因此，即使到了今天，問小孩誰是汽車的發明人，回答必是「達姆拉」。

但是，前往慕尼黑的科學博物館裡所見到的，像引擎、輪胎……各有其獨自發展的歷史，並非令由達姆拉一人所發明的。後來的利用達姆拉的優點，加以發揮，然後巧妙地組合這些東西，而完成了可以乘坐奔馳的汽車。這些道具的歷史演變，必須追溯到原始時代。

達姆拉—(一八三四～一九〇〇)德國發明家。汽車製造的創始者。一八九〇年，創立達姆拉公司。不久，和「便士」合併成「達姆拉，便士」公司。

其次，我所要介紹有關魔法的歷史，和之前費盡唇舌談論的達姆拉故事，兩者並非有著直接關係。今天，我所強調的是認知、確定其「存在」的演變。也希望你們能了解，要完成一件偉大的成就，必須花費相當長的時間才能做到的。

好比今天介紹的魔法和咒術的歷史，必須從很早很早的時候談起，也就是追溯到人類黎明期的太古時代。

人類之所以步向文明，完全受到自然的威脅，如果人類不順應環境，調和自然的話，就無法生存下來。

某天，人類突然真實地感覺到有種東西，看不到卻隱藏在自然裡頭。即所謂的「萬靈」或「精靈」，它可以讓人感受到自然的各種力量。

風精靈是寄宿在風裡頭，河精靈是寄宿在河裡頭，人類根據這種想法來傳達意志，作為生存下去的保證。

認知某種東西的存在價值，這就是為何人類和動物有所區別。因此，從這種關係上誕生出信仰來。即使到了今天，如果深入美國去了解，仍可看到人類是以看得到的力量與看不到的信仰來傳承其生命的。

再則，不久之後，人類開始過著群居生活，即部落的形成，為了統御人類，必須要有統御的工具，我們分為兩個方式來了解。

第一是最有力量的文字。如果我們看到動物園裡的猴子即可知道，原始時代人類的生活形態和那些猴子並沒什麼差別。

第二即是自然的精靈。它並非直接訴諸腕力，而是擁有一種不可思議的力量，來傳導人類的意志。這也是一個集團的指導統御工作。

至於人物，也是根據此種說法，和萬靈、諸精靈相通，以靈的代表人身份向人類告知有關靈方面的情報。多數場合裡，精靈和其代表的人物，在一定的時間裡，會產生「憑依現象」，那個人即是靈所憑依，用來向人類傳達靈意志的對象。也就是現在所說的「通靈」，這個人得到了多數人的崇敬而成了一種統御力量。

在古時候的日本，女王卑彌呼就是這種統御者。當時，男性主權的社會還未確立，衆人皆崇尚陰母神信仰，因此，導致女性靈能者輩出。

這種擁有靈力的人又叫「巫師」。巫師對於四季的變化極為敏感。通曉天體的運行，擁有超乎常人的活力。有時，擁有武力統御團體的團長和擁有靈力統御人心的巫師，一起協力來支配整個團體。

巫師伴隨當時國家的形成，以宗教的方式，整頓原始的靈魂，因此

卑彌呼　西元三世紀的邪馬臺國女王。根據「魏志倭人傳」記載，當時她統治三十餘國，向魏進貢，也從魏明帝受與親魏倭王的稱號。專門利用鬼道來迷惑群衆。關於卑彌呼這個名字的由來，即是女巫的意思。

，確立了其神官的地位。

一開始所介紹過的達拉姆和汽車故事，到了今天，也同樣地讓人有那種錯覺，認為世界的許多巨大規模的宗教組織，誰統合了原始宗教，整備了教義，那個人就是這個宗教的教祖。

巫師，從站在原始村落的廣場，手舞足蹈向天祈雨，隨著時間的流逝，轉而揮動長袖，在壯麗的神殿裡，為人民解決問題。

但是，並非所有的巫師，均能守著壯麗的神殿。因為，從原始時代開始，有國家的產生，就會導致各族間的爭執，如果不幸慘敗，而隱居密林或不毛的沙漠裡，其部族的巫師們，也會跟著遷徙，然後守著自己傳統的靈祭方式。

但是，勝利的部落，其信仰就成了人民心目中的神，成了宗教，而失敗部落的神與宗教，卻成了異端，日以繼夜被迫害。勝者崇信的精靈稱做神，同樣地，敗者的精靈卻被叫做惡靈或惡魔。

在這世上，「咒術」、「魔法」、冠以「魔」字的秘術就因此而誕生了。

按前面所敍來看，咒術與魔法並非源於惡魔，只是一種密術以魔字

左羅阿斯脫（紀元前一千年左右之波斯宗教家，爲波斯國教祆教創始人）教的大魔神

，惡魔的誕生也並不是邪惡的象徵，而是代表戰敗部落所信仰的神。

和黑暗、不祥的祭祀方式及恐懼，嚴厲的咒術疏遠保持距離的「咒術」和「魔法」，就此展開其歷史了。

如果情形恰好相反，戰爭中避居荒野的是勝者，神和惡魔的角色當然要互換。今天，在白色莊嚴的神殿裡，仍有披著薰袍，頭上長著角，伸著尾巴露出可怕牙齒的神像，如果仔細推敲，不難發現這是魔神和惡魔的變身。

「咒術」、「魔法」追溯源頭，都是以神和惡魔為原始信仰對象，其產生，可以說源自同一地方。原本，人類的信仰就無正統與異端之分，對於眨眼所看不到的無形力量，自然會至高無上恐怖與畏懼。

因此，冠以「魔」字的秘術與祭儀，就這樣屢遭迫害而到現在。

「白、黑」兩種咒術流派

以下就將「咒術」與「魔法」的發生概要，介紹給大家認識。

前面曾說過，本質上宗教並無正統或異端之分，當然，由原始宗教變形的咒術，也同樣無正統或異端之分。信者即正統，不信者即異端。

人類本性容易將自己歸於正統，將別人歸於異端，由於教理的不同，因而產生戰爭，雖都是為了人類幸福著眼，但我們可看出不同宗教的不同界限。無論何時何地，人類都抱有利己主義思想。同一個宗教裡頭也會有些許的教義差異，由於指導者之間的對立而衍生出門派、分派，這在歷史上屢見不鮮。

在許多分派系的活動裡，像是茶道、花道……等之類，完全是依照人類的喜好而產生的。因為人類的許多活動和「咒術」、「魔法」息息相關，導致派系間為正統與亞流之爭不斷。

宗教和咒術都有共同的特點，若和自己崇尚的神或教義相違背的話，即排擊之，這也是我們所了解的人性之一。

魔法若依分類來看，可稱其存在的主旨，分為兩個系統。

一是，咒術的「魔」，是結合惡魔的一種秘術。至於惡魔的誕生和成立前面已經詳加介紹過，因為惡魔帶有強烈的邪神性格，人類如果利益薰心，常為了達到目的，而假借惡魔之力來實現自己的願望。

所謂的惡魔，乃墮落的精靈，結合邪惡的想法，若將自己投身於此教義中，無疑將自己的靈魂，賣給惡魔。

善、惡精靈 在某種教派裡頭，代表光亮的善神與代表黑暗的惡神，為了支配宇宙，引發了一場戰爭，末了，將宇宙畫分為二，各統其領域。

活著的時候，如果利益薰心，死後將落入惡魔之手而永不得超生。如果人類有這種覺悟的話，就不會假借惡魔之力來滿足自己了。

崇拜惡魔為主神，以惡魔為目的施法的惡魔教徒，就稱為「黑咒術」。

叫出恐怖惡魔的黑咒術

剛剛，有關黑咒術已具體的介紹一些了。黑咒術又以降魔術為最基本。即將可怕的惡魔叫出來的儀式就叫做降魔術。至於降魔術的方法，範圍近二十種左右。但是，西洋咒術裡的降魔術，很明顯的只有一種形態，現在為你介紹其綜合為一的方法。

首先，叫出惡魔之前，當然要唸出惡魔的名字，至於所叫出來的惡魔我們必定十分熟悉其性格，因此，像類似此種性格的惡魔必定無數個，相當多。

而惡魔中最高司令官即魯司菲魯，很多人把他和撒旦視為同一人。但，要叫出魯司菲魯那樣大的人物，除非有相當大的修行，否則危險性相當高。幾乎所有的惡魔都十分懶惰躲在世界的黑暗角落休眠，一旦因

魯司菲魯 魔界之王。與明亮天使戰敗後，被放逐天界。擁有極大的權力，惡魔中具有極高的地位，若能將他喚出的話，拜託之事沒有不成功的。

為人的要求而被喚出都感到十分地厭惡。

但是，大部份被叫出來的惡魔若很不高興的話，便很不情願幫喚他出來的人做事，但若情形恰好相反，喚他出來的人，將很容易達成他的要求。

如果喚出惡魔時，能夠很有耐心與他週旋，而且不停地加以哄騙，如此這般，即十分容易達成自己的要求。

這也是最真確的「降魔術」。

最適合施行降魔術的日子，是在月亮初升的晚上，或是滿月的夜晚都可以，如果恰巧遇到十三號星期五也無所謂。至於選擇的地點，因為施法的關係，不宜在客廳，最好是人煙稀少的森林或空地，或是廢棄的工廠。

在降咒術施法的前十三天，是禁止用水洗身體的，當然洗澡更是不用說了。若是女孩子，常常有人計算生理期恰好為施法日。因為接近惡魔，必須是不潔的化身才會起效用。雖然我們覺得味道十分惡臭的東西，對惡魔來說，剛好相反。

阿古里巴考據的魔法陣。於中央置放六角形芒星的所羅門徽章。

施法前七天，禁食大蒜，雖然大蒜味道誰都不喜歡，但是惡魔更討

浮士德博士

厭那種味道。

在施法的那天夜裡，必須在施法的地方佈「法陣」，所謂的法陣，即一般所說的「魔法陣」。其佈陣方法就是三或五公尺的圓形陣中，於中央放置六角形的所羅門徽章。

圓陣周圍，將古時偉大的天使與諸精靈名字，並列於旁。根據古時圖版的記載，猶太教的神的名字特別多。

圓陣、諸精靈名字、所羅門的六芒星，有了這三樣必備的東西，就可喚出所有的惡魔，但切記，施行降魔術的當事人，絕對不能因而跳起舞來。又惡魔出現看到了剛剛所必備的東西，只要當事人跳進圓陣裡，就不會將當事人吃掉。

必須注意的是，做法時，當事人切記不要踏入圓陣的中心，惡魔對於人類不潔的足跡十分厭惡，一旦侵入中心，惡魔會將當事人殺掉。

然而，如何能跳入所佈置的圓陣呢？在此有二種方法。一是當事人先跳入圓陣之後將圓陣關閉。二是畫圓陣時，畫出進入中心的路。從外陣進入內陣的路上，置放教會祭司的法衣，惡魔極端厭惡由法衣撕成的細長布條，然後當事人走過這些布條進入內陣中，再將其捲起收好。

浮士德博士
十六世紀末德國傳說中的咒術師、醫生。

如此一來，當事人在魔法陣裡就能平安無事了，就不會成為惡魔的食物了。又，在圓陣的外側必須放置以下的東西，才可將惡魔喚出。

動物腐爛的屍體或內臟。或是相同動物的血。死刑者的衣服。蛇、青蛙、蝙蝠的屍體。其周圍儘量保持惡臭，千萬不可向都市那麼整潔乾淨。

外陣一切準備妥當，在內陣的當事人，手中必須拿著做為牲品的小動物，還有短劍、杯子、司教杖、被聖水洗過的金幣，做法時再握著聖書。當惡魔出現時，將做為牲品的小動物頭切掉，將其血盛於杯中而向惡魔進貢。

其他道具必須藏於法衣之下，因為那些都是惡魔極厭惡的東西。當事人若要投身魔道，就必須遵守其道的規則，才能達成目的。

和惡魔的約定儀式

在沒有月亮，人煙稀少的墓地，只傳來降魔術師的咒語聲。

「阿里達、美達、美咯、美達、阿姆里達、阿里達、美達、美咯、美達。你是世上最偉大的人物，盤古開天之前，只有你是真正的支配者！

基魯多雷侯爵

黑暗的主宰！疫病戰亂的皇帝！死逝者們的永遠領導！請你聽到我的呼喚而能來這裡。阿里達、美達、美咯、美姆里達、阿里達、美達、美咯、美達。」

降魔咒文有三種。

一是特地把彌撒教典裡的文章讀相反的發音。二是利用古代神殿裡祭儀的教典做為咒文。還有一種咒文是屬於異言。所謂的異言，即是不屬於任何一種言語體系，而凝聚內心的想法所發出的聲音，也可說是連續發出許多感嘆詞。為將人的靈魂逼出，「嗚！嗚」或「啊！啊！」這種聲音能充分達成咒文之效果。

若施法的當事人一直持續唸著降魔咒文，惡魔將沈眠於冥界而叫不起來，加上惡魔十分厭惡被人類呼叫，若能唸著降魔咒文，惡魔將不會出現。

和高展國旗拯救法國的聖女貞德同時的抗戰英雄基魯多雷侯爵，就曾使用過黑咒術，又像從義大利歸國的破戒僧雷普拉基，以魔道士身份，花費鉅萬財富施行降魔術。一開始的時間，是以兔子或雞做為牲品，後來儀式十分流行，轉而以人類的小孩做為祭魔貢品。

基魯多雷候爵 十五世紀中葉，擔任宮庭護衛人員，後於自己的城裡，專心鍊金術，後以黑咒術施法，殺掉幼兒，又有吸血鬼之稱。

又據說，路易王朝最盛時，美麗的蒙提斯旁夫人為獨得路易王寵愛，聯合魔女魔華嚷與破戒僧佈吉魯，將小孩做牲品實行黑咒術。

我們聽過這些傳說或記載，都知道惡魔是很難出現的。趣味週刊曾寫過，即使唸著咒文也不會馬上出現。有一本記載法國降魔的小冊子裡曾寫過，通常施行降魔的儀式與咒文，必須不停息地持續24小時以上，才能將惡魔呼出。施法人反覆唱吟咒文時，必須保持不變的狀態，因為24小時不吃不睡地祈禱，在體力方面的消耗十分驚人。

惡魔出現時常會有許多徵兆。空氣變得濕氣味重，周圍的氣氛也因而凝重起來。不久，像是打開掘起的棺木般，十分地惡臭。此時，施行人絕不能慌張，嘴裡必須唸著：「阿古隆、提達古拉斯、刮伊給歐、斯提姆芒頓、嘿羅哈雷斯、雷德古殺姆頓、古利歐郎、伊里歐、嘿斯提歐、嘿古喜斯提嘿、嘿里歐那、歐雷那、嘿拉喜、模伊、煤菲阿斯、索提魯、嘿歐床歐魯、殺芭歐德、阿德曼。阿門、請求你。」這樣的咒文，而且不能唸錯，如此惡魔即會出現。

若是惡魔出現時十分憤怒，這時，自大的咒術師好似跳入地獄深淵，必須忍耐臭氣薰天的異味與震人鼓膜的噪音，等待惡魔的出現，這比恐怖電影更加可怕好幾倍。

大體上，若咒術師無法忍受此種恐怖的氣氛，而發瘋似的跑出陣外，無疑是狠面前的惡子，不用說定會被惡魔所吞食。

德國有位魔法道士，雖成功叫出惡魔，卻因過於恐懼而失禁。尿液沿著法衣流出來，而流到魔法陣外。惡魔沿著尿液流的痕跡滑入陣內，抓住魔法道士。因此，假設在圓陣裡也要待上24小時以上，尿液處理的方法，不得不多做考慮。

若能順利通過這關，而接下來和惡魔面對面交涉才是最困難的事。在此就必須用到咒術的詐騙方式，主要是，為和惡魔達成交涉，不得不加油。

「你是誰。憑什麼把我叫出來。如果不回答，馬上把此地裂為八塊。」惡魔如此嚇唬咒術師。

此時，咒術師說話了：「很謝謝你，黑暗的主帝者。因為我遇到了一些麻煩，想請您幫我達成願望。」

「要我幫你達成願望，你是什麼東西，我可不幹。」

「我不會無條件要你幫我的，只要你願望，二十年後，不論有沒有

咒術師進入法陣，叫出惡魔。

我的存在，我一定盡我所能，將自已的魂魄獻上給你。除了獻上魂魄，我願意下地獄做你的僕人，所以，拜託你，讓我能如願以償。」

「不行，像你那樣的魂魄給我，是毫無幫助的。」

「如果是這樣，我就唸『所羅門之匙』的咒法，讓你痛苦不堪，真是那樣，會比較好嗎？」

「你知道『所羅門之匙』的咒法嗎？不，不可能知道的。」

「不，我知道的。如果要我做的話，現在可以馬上做給你看。只是開始了，中途不能停止，這你應該知道的，那樣對你來說，太痛苦了。」

「你嚇唬我？」

「沒有的事，我只是拜託你幫我而已。」

「嗯！沒想到你會知道『所羅門之匙』，好吧！你要什麼願望，說看看。」

「是的！是的！魔王，我的願望很小，只要一百億元就足夠了。」

「一百億元，好的！我給一百億元。但是，別忘了我們的約定，二十年後，必須把你的魂魄給我！」

「當然，當然，如果我還存在一定照約定給你，萬一我已不存在，

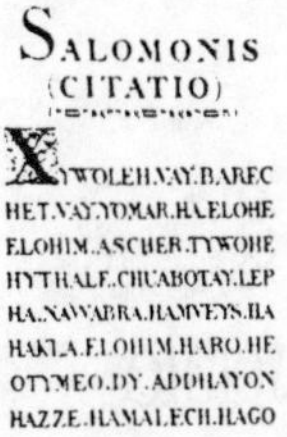
SALOMONIS
(CITATIO)
XYWOLEH.VAY.BAREC
HET.VAY.YOMAR.HA.ELOHE
ELOHIM.ASCHER.TYWOHE
HYTHALE.CHUABOTAY.LEP
HA.NAVABRA.HAMYEYS.HA
HAKLA.ELOHIM.HARO.HE
OTYMEO.DY.ADDHAYON
HAZZE.HAMALECH.HAGO

所羅門之匙　能喚出惡魔的咒語或咒文，而寫成的咒術書。記載衆所皆知與地獄連絡的所羅門王事蹟（西元前九七一～前九三二），有很多不同的版本傳世。

也會給你。」

這時與惡魔交涉進入了最困難緊張時刻。

「你意思是說，有人願意代替你，將自己的魂魄給我？那種沒有利益可圖之事，有人會這樣做嗎？」

「有的，有的，必定有的。萬一沒有那樣的人，我也會親自送上自己的魂魄，無損於你這位黑暗的主宰者。」

「好的！那麼就照這樣約定吧！我何時給你一百億元呢？」

「明天晚上，幫我放在這座山裡的吊橋邊就可以了。二十年後的今晚，我或是代替我的人，會出現渡過這座吊橋，那時，請魔王即時現身將其魂魄拿回地獄吧！那一夜，我或是我的代替人，頸上披著類似一層紅色圍巾，你一看即可辨認出。最後，還有個請求，我對吊橋十分敏感，給你魂魄的晚上，我就不走到吊橋的中央，走到橋邊，我就回頭看。這時，我或代替我的人，即在頸上圍著紅圍巾的人，會用兩隻腳三步、兩步跳上橋，這時，請馬上奪取其魂魄。」

「好的，我知道，不要說三步、兩步，只要讓我看到有兩隻腳的動物一踏上橋，馬上就會奪取他的魂魄。」

「非常謝謝你！現在我對契約書投到圓陣中，請你簽個名。」

這是非常重要的，從惡魔那兒得到簽名。如果沒有其簽名，此項契約就無效。只要咒術師將契約書投往圓陣中，惡魔就會幫他簽名。

「非常非常的謝謝！這個約束就成立了。請惡臭與噪音跟著惡魔回去吧！阿古隆、提達古拉斯（以下咒文）……阿門。」

這時，咒術師又唸著咒文，和惡魔之間的契約也完全成立。

第二天晚上，咒術師來到吊橋取走錢，二十年後照約定將魂魄送上。

但是，咒術師獻上的是頸上披有圍巾的雞，而不是自己。咒術師曾對惡魔說過「我或代表我的人」、「用兩隻腳走路的人」無論如何人類是不可能做這種無利可圖之事。而且，雞同樣也是兩隻腳走路，因此，雞一走上橋，惡魔便奪取其魂魄，而咒術師卻平安無事。

咒術師如法泡製向惡魔拜託了好幾次，可憐的惡魔被蒙在鼓裡。

但現在，施行降魔術這招已不管用了，因為惡魔已知道我們用的是雞，如果不再想一些新的方法是行不通的。降魔術根據魔法宗派的不同，儀式上也會有些差異，在此只是大約敘述降魔術的集約。若要親自試試看是沒什麼限制，只是結果，著者並不負任何責任。

惡魔的署名　和惡魔的契約書，必須先用自己的血將名字寫於全新羊皮紙上，然後再將其投置圓外，請惡魔簽名。

圭佛馬都　擁有山羊的頭與角，人類的肩膀和手腕、魚鱗狀的腹，是兩性具有的邪神。

黑咒術集團「LOVE・MAGIC」

降魔術流行至今，在美國也捲起了「LOVE・MAGIC」的風潮。「LOVE・MAGIC」照字面解釋，乃是「愛的魔法」之意，這相當驚人的。當然，參加此集團的，以與基督教無緣的人居多，因為給人摒棄於外的感覺很強烈。又在美國這個地方來說，以重金屬搖滾樂者、痲藥中毒者……等為多。

「LOVE・MAGIC」的主神即是圭佛馬都（惡魔的一位）。

他們居住在人煙稀少的荒野裡，以教祖為中心人物過著群體生活。在他們彼此約定範圍以外，完全自由，也沒有所謂的戀人或夫婦單位，完全是雜婚的生活組織。

這位教祖有絕對權威，只有他才能與邪惡的精靈交談。彼的四周，站著叫做「嬤嬤」的女性親衛隊守著他。此外，還有些身強體壯之男士們，支持這個集團。

至於他們主張「世上被無限的愛包圍著」，因此，導致他們過著亂婚的群體生活，行使令人作嘔的黑咒術儀式。

早已被衆人所遺忘的殺人事件，美國女演員沙羅提頓被一群年輕狂徒慘殺，這群年輕狂徒的首領，即是惡魔的教祖。

即使到了現在，像這樣的黑咒術集團，仍分布世界各地，持續其黑暗的活動。黑咒術畢竟是一種怨恨的邪術，自古以來，「被詛咒之人將分為二」，也就是怨恨的咒語會擾亂其生命的波動，而毀滅所要詛咒之人。

所羅門王和「白咒術」

這是和黑咒術相對立的一個派系，也是屬於咒術的一派。

雖然同樣被視為異端，但和惡魔教徒完全不同，而且和惡魔勢力對決，親自達成自己的目的。但是雖和惡魔沒有關連，但仍被一般正統的宗教教理所拒絕。自古以來，精鍊自己的精神與肉體，追求高尙的境界，從中領悟會得超凡精神，然後藉此完成自己的願望。

這一派的人，鑑於西歐有些國家，一旦基督教被視為國教後，因於本流宗教相違背，而明顯地被視為異端之徒。

但是，這一派的理論，並沒有得到共同的認同。因此，在西歐，產

巴拉卡魯斯斯（一四九三～一五四一）醫者與神學者。研究占星術與白咒術，曾利用此治癒多數人的病。此外，也是第一個應用鍊金術製造藥品的人。

生了神與惡魔二元論說法，若信神就必須相信沒有惡魔存在，若與異端之神有關聯，就不稱做神。宇宙中因而出現了「善良精靈」與「邪惡精靈」二元論。

在基督教創立以前，這些崇尚異端之神的信徒，根據其性質而被封為邪惡的精靈。傳說中他們信奉賢者所羅門王為大王。所羅門王相信國家裡頭，並沒有神的存在，只要信任宇宙中的精靈，即可達到超凡的境界，所羅門王也會讓他如願以償，達成心中所願。

這一派宗教施行秘儀時，因為和黑咒術相對立，所以又稱為「白咒術」，但是，若以宗教立場來看，仍是五十步笑百步的邪術。

「白咒術」其終極目的乃是依據自己的鍛鍊修行來達成精神淨化，這和信奉惡魔，假藉惡魔之力來滿足自身欲望的「黑咒術」大不相同。

但是一般提到「咒術、魔法」時，人們馬上聯想到「黑咒術」。殊不知咒術裡有「黑」與「白」之分。

本書中所提及的「咒語」與「魔法」，當然，白咒術也不例外。

為達成自己的願望而將靈魂獻給惡魔，若以個人的自由來看，我不打算追究其對或錯，但以常識的觀點來看，惡魔是比較不具親和力的。

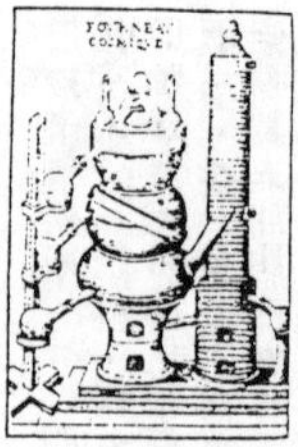

鍊金術的爐灶

近代魔法的成立

在許多信仰裡，伴隨宗教的成長，而完成其精神的神秘領域，其中，將「咒術」與「魔法」視為魔鬼之子。特別的是，在西洋史中，基督教完全支配的中世紀時期，對於視為異端的邪教彈壓十分厲害。

據說以「宗教裁判」、「異端審問」的罪名被告發，以「魔女」、「惡魔的使徒」的惡名被處刑的市民，在全歐洲來說，就佔了一百萬至三百萬人。

在村子的廣場上，不分晝夜，不停地燃燒刑台上的火焰，恐怖的慘叫聲，震動了整個山林。只知道並非神的化身，並無充分的理由，就這樣燒死了無任何憑據的魔女，也燒黑了整個天空。

被稱為黑暗時期的中世紀，大約持續了五百年之久，這期間，自古傳來的許多神秘學術已漸漸衰退。像是天文知識、哲學理論與科學知識也同樣地消滅在火刑台上。

但中世黑暗時期，學問的本流卻移轉至阿拉伯人的手裡，也就是近代科學的源流是發跡於中東及近東。像現在我們所知道的許多基礎學問

鍊金術　在古歐洲流傳的一種化學技術。主張自然界的所有東西均擁有精靈，如果能將其根本物質的精華分離出的話，就能夠創造出相同的物質。曾以此術製造出的東西有不能融化液，萬能治療藥。

因異端審問之罪名而被處刑。

、科學、天文學、醫學、航海術等，都是後來從阿拉伯輸入歐洲的。

「發明對神是一種忤逆」自從某個法皇向人民宣佈此宣言後，有長長的一段時間陷入黑暗愚昧的沈睡時期。

「以神為家」的時代，對民衆而言，卻進入了「黑暗時期」，著實令人不可思議。如果只是一味地跟隨宗教、跟隨主義不知變通的話，就失其本質了。

後來，隨著產業革命腳步的來臨，火刑台上的火漸漸消失了。經過這麼長一段時間的彈壓，信仰長角長尾被視為怪物變身的神，就淪為低俗不堪的迷信，而不再興起了。

今天，在歐美，有關心理學、考古學、文化人類學的神秘學研究，逐漸地流行了。

又，將沈睡於深溝裡的古神秘學，再次掘起深加探討的人出現了。即是被喻為近代神秘學之父的艾里法斯・雷紋（一八一〇～一八七五）。雷紋將散落各地的古代神秘學，重新集合研究，而開了神秘學之路。

雖然後來研究神秘學的人越來越多，而且勞師動衆毫無助益。特別是這些人被叫做騙子之後，這派學問的發展就遲遲裹足不前。

魔女裁判 一四八四年，法皇下詔嚴禁咒術與魔法，魔女遭受迫害的審判。一旦被視為魔女，即於公衆的場合，用火將其燒死做為懲罰。

卡利歐斯拖羅伯爵

謎樣的咒術師

不管是咒術師或騙子，像這樣謎樣的人物，究竟存在有多少人呢？例如，被稱為卡利歐斯拖羅伯爵這個人，在革命前夕的巴黎，是十分受人注目的。

他同樣也是咒術師且具有高度修行的鍊金術，他出現巴黎時，乘坐金碧輝煌的馬車，握著黃金鑽石般的手杖，任誰都當他為王族的化身。

傳說卡利歐斯拖羅於巴黎市中的汽車房，施展其鍊金術。他能將銀做的燭台變為金做的東西，也能將二十公克的鉛變為一公克的黃金，此外，他也能將醜女變美女。

卡利歐斯拖羅藉此而替自己賺進大把大把的鈔票，後被人告發，以「使用魔法」的罪名被逮捕而判處死刑。而且，謠傳他施展鍊金術，替人隨便治療疾病。最有趣的是於處刑當天，衆人皆聚集火刑台，想要一睹卡利歐斯拖羅的廬山真面目。但奇怪的是火刑台上卻沒有人，卡利歐斯拖羅早已不知去向了。

卡利歐斯拖羅究竟是咒術師或是騙子呢？到現在仍令人不解，因此，到了後來類似這樣的人逐漸登場。在歐洲有位住在鍊金小道的道士伊拉亞・背古蘭，曾用魔法及降靈術將死者叫出。

例如，如果要叫出自己死去的父親，只要告訴背古蘭父親的姓名、體格、年齡與職業，最好也能將父親的肖像拿給背古蘭看，背古蘭即會使用魔法，進入死者的國界，找到死去的人將其引領出來。

然後準備與死者的靈魂進行交談，將委託背古蘭的人叫到背古蘭家，在其陰森可怕的房裡，和飄浮的死者面對面而坐。由於死者的靈魂無法說話，對於委託人所詢問的問題，完全指著羅馬字母板回答。

背古蘭的屋裡，雖骯髒可怕，但賓客卻絡繹不絕，其中不乏富商與貴族。背古蘭一直持續他的降靈術。但是，有一天其飼養的貓兒打翻了油燈，引起火災，這時，出現的死者影像，原來是當時極為罕見的幻燈機所投射出來的。

卡利歐斯拖羅伯爵（一七四三～九五）生於義大利的妖術師。其傳授的福利美索秘儀，後曾流傳於歐洲，雖為詐欺者，但所用之數秘學，後成為最佳的預言學。

背古蘭之例，讓更多人堅信咒術師其實都是騙子。

納粹黨所施行的數種秘儀

不久，神秘學以「黃金之曉」名義，集會結社，民間也有許多組織

阿雷斯達・古羅里
（一八七五～一九四七）英國的惡魔主義者。一九〇七年時，以Ａ∴Ａ（銀之星）之名設立咒術社。使古代異端宗教的諸神復活，施行各式各樣不同的黑咒術。

，認真地進行其研究。

在「黃金之曉」裡，以研究塔羅多・卡多最有名的Ｓ・Ｌ・馬枯雷格・梅撒斯曾寫過無數的神秘主義作品。以「黃金之曉」為名的結社組織，後因多數的小團體，持有知識特有的主張，而排擊其他的團體，不久，即宣告分裂。

其中，有「默示錄之獸」之稱的阿雷斯達・古羅里，因糾結狂暴的社員，導致這種集會結社的學術組織，漸漸衰退。

在局勢如此紛亂裡，女神秘學者達安・佛瓊創立了「內部之光」，此社藉著魔法之力來實現精神淨化之成果。

實踐的神秘學，後由歐洲大陸傳至美國大陸，其中以瑪達姆・普拉巴奇最有名。又，斯埃汀莫魯古能於遠處預見自己家發生火災，因而在近代神秘研究歷史上留下盛名。

後因維多利亞王朝漸漸沈落，神秘研究的主流不久移往德國。

而隨著基督教會支配一切的瓦解，許多地方部落仍有信奉古代北方之神的遺跡留下來。像是深林或湖沼地，蘊藏有許多黑暗勢力的新興宗教，在德國的許多地方，都是神秘學發生之地。

達安・佛瓊（一八九一～一九四六）

到了一九三〇年，德國於第一次大戰後，印有十字旗印的「納粹黨」逐漸抬頭。

「納粹」思想是源於阿利安民族統御世界，回到傳說中的樂園而產生的。納粹所嚮往的傳說中樂園原本是基督教傳播福音的地方，但如今卻變質成北方神力聚集之地。這種想法的轉變，直到現在研究有關這方面的學者仍找不出答案。

納粹開了以國家名義設立研究魔法與咒術機構的先例。這個研究最高機關叫「SS」，設在自衛隊裡面。以赫魯美加博士為首，召集各學者收集世界上埋葬已久的神秘學資料。

而納粹的最高統領希特勒握有相當大的權力，他引導人民步向擁有無限泉源之力的魔法帝國。

以「納粹地質調查協會」和「德意志考古學協會」之名，結成數個研究團體，去挖掘古代的神秘魔法。

希特勒不遺餘力支援這些團體，派遣社員遠赴埃及、西伯利亞、蒙古、非洲等地做有關這方面的研究調查。

希特勒最關心的莫過於裝著摩西十戒的「聖櫃」。這個箱子裡蘊藏

迪多利亞・埃加魯多詩人，精通黑咒術的神秘學家。其秘儀之宗旨乃是「征服世界，找尋一位可以引領我們重回阿利安民族光榮的領導者」。於是出現了希特勒這個獨裁者。之後，授予希特勒許多秘密教義。

「納粹黨」的十字鑰匙形標誌

著一股相當大的力量。因為事實證明摩西逃脫埃及時，曾讓紅海分裂為二。

此外，希特勒於ＳＳ的自衛隊裡，組成一支叫「黑色僧團」的特別組織。入會的人，必須擁有三百年以上非常純粹的德意志血統，像這樣的青年，以誓死效忠為目的，能為此拋棄家庭、拋棄愛人，有鐵般的意志力的人才能做到。

他們只要能通過所謂的「重空氣儀式」，即可成為會員，而一同進行咒術研究。像這樣人類完全由神來支配，因此，到後來囚禁猶太人，對他們加以迫害，手段極為殘酷，其慘不忍睹的手法著實連筆墨都難以形容。而這只是他們進行咒術研究的實驗而已。

戰後，屬於「黑色僧團」的自衛隊員，所寫之手札在美國地方出版，雖然多少是虛構的小說，但可進一步對此組織多一點的了解，以下是截錄部分。

「游在由血染成的池缸裡，任誰開始都會想吐，可是時間一久，就逐漸習慣了。」

又例如：

「人類透過了電流，即能發揮超自然未知的運動機能，因此，途中雖遇到污物散落，卻能閉口而不受影響。」

像這樣恐怖駭人的文字記載著。

像如此神話時代的夢雖興起，但不是只有獨裁者希特勒一人的夢想而已，隨著時代潮流，轉為多數人擁有的共同理想。

數年前也曾以希特勒和裝著摩西十戒的聖櫃為題材（法櫃奇兵），拍攝成電影，當時，即是研究有關納粹這個殘酷組織。

到此，再次回顧經歷了數千年，數百年被藏匿已久的秘法。重新挖掘沈睡於黑暗時期以前人類輝煌的遺產與精神文化。

在納粹這個時代，很多人從外地帶回了許多不欲人知的魔法。直到柏林淪陷，希特勒的夢想也跟著破滅，像這個以十字鑰匙形標誌征服世界的組織來說，或許世界上仍存在著以魔法為宗旨的大國。

不管希特勒征服世界的夢想是否成功，納粹已成為歷史的代名詞了，但是所令人深思的是，納粹投入巨額的人力與財力，重新研究挖掘古代的咒術與魔法，才得以讓那些神秘、不欲人知的魔法、咒術，在今天被保留下來。

哈鳥斯和法教授（一八六九～一九四六）德意志的地政學家。精通東洋秘密主義，制定納粹十字鑰匙形標記。也是希特勒的外交顧問。

薔薇十字會本部

薔薇十字會　秘密組織的一種。德意志牧師羅盛古羅伊茲於十四世紀創立，但起源卻必須追溯至古代時期。是一種白咒術集團。

隨著納粹第三帝國的滅亡，第二次世界大戰血腥黑暗局面，大家都確信有位領導者會將它引領出，再度走進光明的世界。

依常識判斷我們都知道希特勒的思想是非常不切實際的，而且非常走極端的。但是在那個時代，若要實現古代的秘儀，說不定也並非一種夢想。

＊　＊　＊

起源於黑暗的原始時代，經過埃及、敍利亞……等地的蘊釀，而於羅馬地方發揚光大，途中，經歷了中世時期火刑台的迫害而到現在，近代科學的愚弄，幾經波折，魔法與咒術終究與人類歷史同步。

雖然經歷了這麼長一段歷史的波折，最後還是隱藏於歷史裡，並沒有表現在外。

由於人類欲望無窮，指引人類抵達幸福彼岸的神就會不斷地出現，因此，咒術與魔法就無法完全消失。而為了克服人類心靈深處對原始黑暗的恐怖，一直到今天，仍然不斷地找尋方法解決。

雖然有些消災咒語衍生而出，但只要提高集中力，擁有淨化之心，就有可能達成所願。

實踐法Ⅰ

愛的咒術

令單戀的人回心轉意

愛的咒術1

吉普賽魔髮的秘法

只能躲於遠處靜靜地看著他，卻無法開口跟他傾訴愛意……像這樣暗戀的對象，你不妨可以試試這個魔法。這是吉普賽魔法的一種，一定能讓你如願以償。

於滿月的晚上，用清水洗淨身體。然後在身上塗上香油，靜默數分鐘。接著拔起一根頭髮朝著暗戀對象所住方向的天空吹去，同時，呼叫對方名字三次，儘可大聲喊叫，因為沒有人的地方，怎麼大聲叫都無所謂。然後十五分鐘裡一心一意想著對方。當然，這必須在無人的場合裡才做得到。

對於住在人群衆多大都會的你來說。當然免不了會有失敗的時候，不如等到一個人出去旅行時再做，可能較具效果。

若不想施用魔法，別忘了下次和愛慕的人見面時，記得面露微笑，找機會接觸。

根據文獻的記載，這是「吉普賽女王集團」所施行的一種魔法。

吉普賽魔髮的秘法

如果你想要接近愛慕之人，於滿月的夜裡，沐浴之後在身上塗上香油，然後朝著對方所住方向的天空，吹一根頭髮，同時，喊著對方名字三次。

接著十五分鐘時間裡，專心一致想著對方。那根頭髮就會朝著對方飄去。

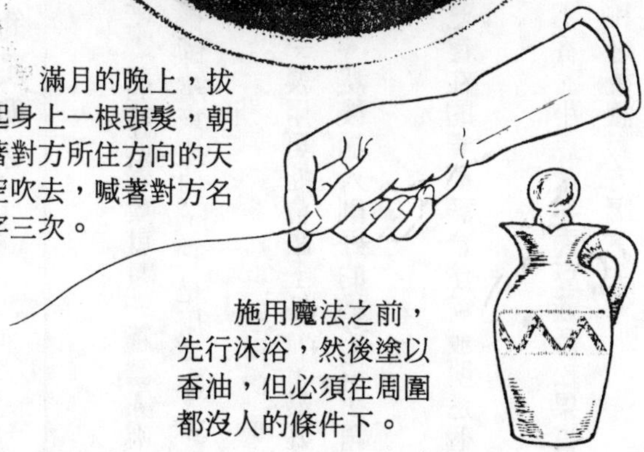

滿月的晚上，拔起身上一根頭髮，朝著對方所住方向的天空吹去，喊著對方名字三次。

施用魔法之前，先行沐浴，然後塗以香油，但必須在周圍都沒人的條件下。

紅酒與柳橙汁的春藥

讓對方能意識到自己的存在
愛的咒術2

如果你對魔法十分感興趣的話，可能都聽過「春藥」吧！所謂的春藥就是一種讓人喝了昏沈，精神恍惚的藥。在中世紀的歐洲，經常被女巫和咒術師拿來使用，它是用Hyoscyomus、篦麻及毒人參三種植物調和而成的。

這三種植物是魔法植物，很難拿得到，即使得到了，萬一誤用可能會賠上性命，最好有這方面充分的知識才能調和而成。將紅酒用自己的體溫溫熱，然後加入削好的橘子皮，再混入一些肉桂。調好後將它塗於對方身體的任何地方均可。

這就是喝了以後會出現在對方夢裡，使對方感受到自己存在的春藥調合法。發明這個春藥的是一位日本人，其詳細生平，不太清楚。

還有一種方法，用一湯匙的蜂蜜，加入少許的肉桂、丁香、小豆蔻、肉豆蔻及松果實的粉末於一杯橘子汁裡，再滴一滴魚精（漢藥局買得到）調和之後讓對方喝下去。

據說喜好魔法的蘇格蘭王與詹姆士四世，皆喜歡用此藥術。

紅酒與柳橙汁的春藥

如果你想借魔法之力，使對方意識到你存在時，用體溫溫熱紅酒，然後削一片橘子皮放進去，再混入一些肉桂枝調和之後，塗於對方身體的任何地方均可。如果不這麼做，也可用一湯匙蜂蜜，加入少許的肉桂、丁香、小豆蔻、肉豆蔻及松果實的粉末於橘子汁裡，再滴一滴魚精調和之後讓對方喝下。春藥必須混合五體，才能產生熱氣。

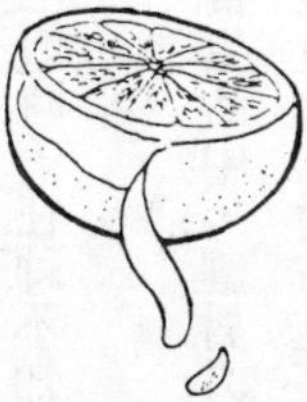

橘子皮

肉桂

用體溫溫熱紅酒

調和好的春藥塗於對方身上任何部位均可。

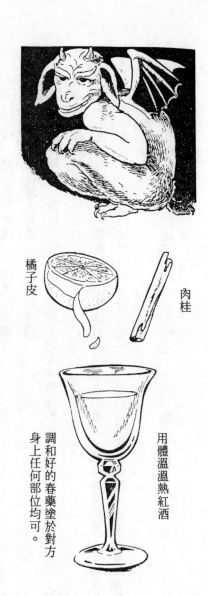

嫩葉初長之戀的魔法

從朋友變戀人

愛的咒術3

如果和對方一直維持朋友關係，無法進一步發展，不妨可以試試由G・利朗多（美國神秘學研究家）所發明的魔法，可使對方的心產生變化。

拿一葉剛長出來的嫩葉，向東向西方向，各自唸著咒文。咒文內容如下。

太陽初昇時，愛人在我身邊　↓向東的方向

太陽西沈時　我在愛人身邊　↓向西的方向

之後，將葉片剁碎，和對方吃飯時，在神不知鬼不覺地將其放進對方所吃的食物裡，於是，對方就會逐漸對你產生愛意。

以上是原著所寫的內容，現實生活中，讓對方吃樹木的嫩葉，恐怕有些困難，不過使用菠菜，同樣唸著咒文，再混合其他食物讓對方吃下去，也具有同樣的效果，或者，讓對方吃下親手做的蛋糕也可。

這魔法使用時，最大禁忌就是自己不可去吃它，別忘了對方才是主角。

嫩葉初長之戀的魔法

如果你對對方十分傾慕，也希望對方為你傾倒，即可準備一葉嫩葉，向東唱著「太陽初昇時，愛人在我身邊」，然後再向西唱著「太陽西沈時，我在戀人身邊」。再將葉片切碎，混入對方所吃的食物中，就能對你產生愛慕之心。

唸咒時用的嫩葉（可用菠菜代替），切碎後混入對方所吃的食物裡。

只有對方才能吃嫩葉，如果自己吃過了就不具效力。

為了讓心儀的人主動與你連絡

愛的咒術4

將紙娃娃分為兩半的秘法

一直等著心儀的人跟你連絡，這時，你可以想像對方的樣子，做個紙娃娃。這紙娃娃魔法必須用在和對方不是很親密的情況，而且，對象只能一個不能同時用在多人的身上。

準備一張沒有使用過的白紙，然後使用朝露當墨水。接著在白紙做成的紙娃娃右側，寫對方的名字，左側寫自己的名字。然後從中切為兩半。寫著自己名字的那一半放在屋裡的南邊，對方名字的那一半放在北邊，北邊方向儘量放高，然後再用別針將其固定，希望時間一久能相互結合。

被切為兩邊的紙娃娃合而為一即是自然現象，因為自然界中，南與北必定會結合在一起。因此，不到一個月，寫著對方名字的那一半就會向你靠近，然後再將它放入清澈的河流或海裡。萬一超過了一個月仍毫無動靜，你可以相同方法再做一個紙娃娃，這次，你選擇在新月的晚上做看看。新月若不知是什麼時候，可以於看到滿月後，算來第十四天。

將紙娃娃分為兩半的秘法

如果你想要心儀的人主動與你連絡，你可以準備一張純潔的白紙，然後用白紙做一個紙娃娃。

做一個紙娃娃。

露水做墨水，於紙娃娃的右邊寫對方的名字，左邊寫自己的名字。右半貼於北，左半貼於南，如果能互相靠近，一個月內即有好消息。

做紙娃娃的紙張，最好用白色的紙，上面不能有任何花紋，做時必須左右對稱。

南　　　　　　　　　北

自己的名字

對方的名字
自己的名字

對方的名字

自己的名字

對方的名字

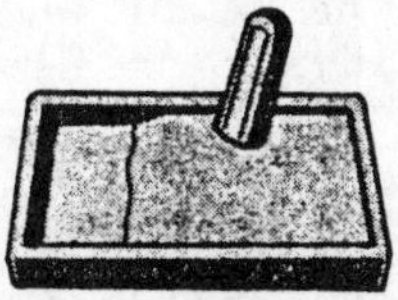

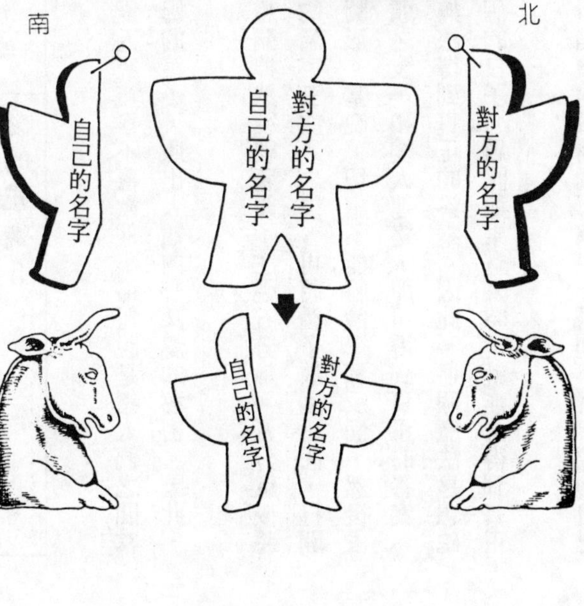

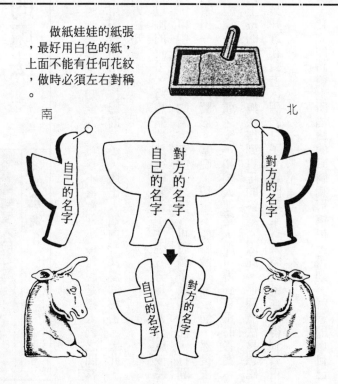

斯培瓊拉姆的魔法

愛的咒術5

想要確知愛人的心意

總是捉摸不出對方的心思，一直想要確知愛人究竟喜不喜歡他，這可說是戀人們之間常有的心理。魔法世界裡可以使用叫做斯培瓊拉姆的鏡子，照出人類內心深處的秘密，因此，對方愛人的心意，可以用這個方法知道。

準備一面剛好可以照到自己臉的鏡子，將燈關掉然後朝著鏡子注視五分鐘。五分鐘後將鏡子反面，右手放在鏡的上方，口中唸著對方的名字三次。之後，再將鏡子放回正面，打開電燈，在鏡面的上方，用口紅畫出一個眼睛的圖形。當晚，切記不能將鏡子翻反面，然後去睡覺，第二天早上，偷偷地窺視鏡子，六個鐘頭之後，和愛人連絡，即可得到真正的答案。

但是，如果第二天愛人仍上班的話，可能無法得到真正的答案。因此，這個魔法是想確知對方的心意，連絡的時候，最好選在對方休假的日子。周圍如果有人時，就無法得到真正的答案。

此外，得到對方的答案後，要立即將鏡上所描繪的眼睛圖形擦掉，否則，就會敗壞自己心中的秘密。

斯培瓊拉姆的魔法

若想要知道愛人的心意，可以試試看這個方法。

於黑暗的屋裡，注視著鏡子五分鐘，然後將其反面，右手放於鏡上方，唸著愛人名字三次。接著打開燈，於鏡面畫一個眼睛的圖形，當晚，必須無雜念睡覺。第二天早上，偷偷的窺視一下鏡子，六個小時後，就可以尋找到自己要的答案了。

在鏡上用口紅畫一個眼睛的圖形。眼睛在埃及神話中表示太陽神之意。

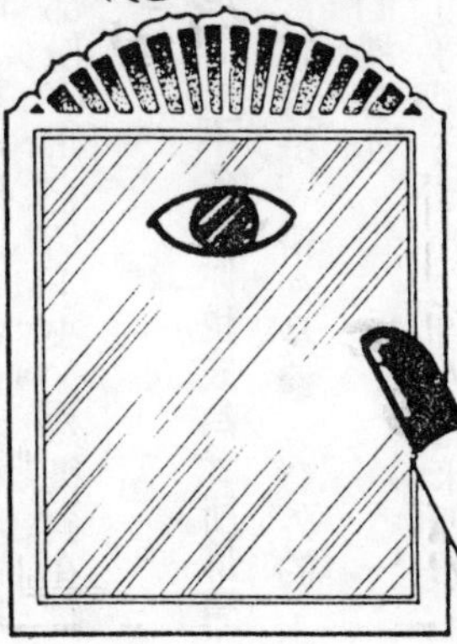

如果得到對方的答案後，要立即擦掉眼睛圖形，如果沒做的話，將會洩露你心中的秘密。

截取柳枝結的魔法

成功出擊

愛的咒術6

無論自己如何積極地爭取，對方依舊高不可攀，這時，你可以試試截取柳枝結的魔法。

首先，由於柳枝可以自然打結，你可以找出打結的部份，將它切下來，然後含在嘴邊，在白紙上寫著以下的咒語：

——我帶走你的運，將它嚥入嘴裡。你的運被我帶走了，不久，你也成為我所擁有——

之後，用這張寫著咒語的白紙將柳枝包起來，把它當護身符，帶在身邊，意外的，就會有好消息的到來。隨時握著護身符，一定會有成功出擊的機會。

如果，有了出擊機會，想和對方成為愛侶的話，就可將柳枝藏匿在對方的床裡頭，如此一來，即可獲得對方的心。

這個魔法又叫G•利朗多魔法。中世時期，由歐洲大陸開始，廣佈整個北歐。柳枝在東洋的含義，即是結「緣」的植物。用在魔法裡頭，可以說具有一種無言的約束力。

截取柳枝結的魔法

如果你一直沒有機會向傾慕的人表示愛意的話，可以截取柳枝上自然打結部份，含在嘴裡，在白紙上寫著「帶走你的運，將它嗍入嘴裡。你的運被我帶走了，不久，你也成為我所擁有。」然後用紙將柳枝包起，帶在身邊，隨時等待良機。

嘴裡一邊含著柳枝，一邊在白紙上寫著咒語，把它當做護身符帶在身邊，直到遇上了良機，才可將它取下。

美國神秘學研究家G・利朗多，根據吉普賽魔法所研究出的秘術。

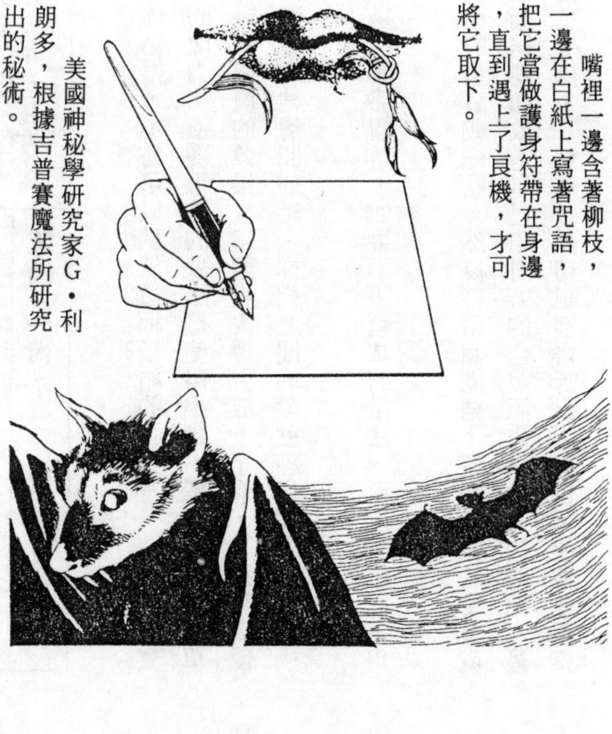

用麥穗做成的緣結護符

能與愛人結婚的魔法

愛的咒術7

如果你有愛人但他卻遲遲不想和你結婚，不妨可以試試這種緣結的護身符。這是吉普賽魔法師加魯東・凱斯所創，擁有具大的魔力。這種緣結的做法是使用小麥、黑麥，還有葦草的葉，然後將其做成符咒，它也具有驅邪避魔的效果。用兩支麥桿做成十字形，一邊想著愛人一邊將麥桿打結，如果你能輕易把剛打的結解開的話，你們之間的愛就經得起考驗，萬一不是的話，可能就會有危機出現。

你或許很想知道自己究竟能否輕易打開那個結，如果不照剛才的做法，可以試試以下用麥穗做成緣結護符的方法。

首先，去花店買兩支麥穗，將麥穗的莖敲成繩狀，然後打兩個圓結，這個打結的麥莖就好比兩支結婚戒指結在一起，接著在圓結裡頭放進自己和對方的合照照片。放入的時間，最恰當是在今天和明天的接著點，也就是午夜十二點鐘，但切記別告訴對方，也不能被發現察覺到。

用麥穗做成的緣結護符

如果你很希望和對方結婚，不妨找出兩支麥莖，敲軟之後，重複打兩個像戒指般的結。

於午夜十二點時，在緣結護符裡頭，放進自己和對方合照的照片即大功告成。

做這個魔法，切記不可告訴對方，也不能讓對方察覺到。

想要早點尋獲結婚對象

愛的咒術8

麥阿魯鐵連斯秘法

如果現在你有對象的話，這魔法就能立即奏效，對於「想要早點尋獲結婚對象」或是「想結婚」的你來說，即能產生效果。做這個魔法之前必須準備七種草葉，選草葉時必須十分慎重且一個人去選。

施行時必須在嚴肅的情緒下進行。首先，用量胸圍的尺寸，切割三公分寬的紙膠布，切成七塊，再逐一將七個種類的草葉用膠布包好，然後放入容器，用棒子搗碎之後，就放著直到晚上。一入夜，再將它放在玄關，點燃蠟燭，一邊唸著「想要儘早結婚」七次。

這在十七世紀東歐未婚的家庭裡，這個魔法時常被秘密地進行著，這是由Mme A R De Lens（麥阿魯鐵連斯）所創立的秘法。

施法之後的草葉，黎明前將它埋在土裡。

麥阿魯鐵連斯秘法

如果你想早點尋覓結婚對象，首先先準備七種葉草，然後用量胸部尺寸的紙膠布，切成七塊，包著七種葉草放入容器，用棒搗碎將其放置至深夜。一入夜，再將七種葉草排好，點燃蠟燭，嘴裡唸「想要儘早結婚」七次。

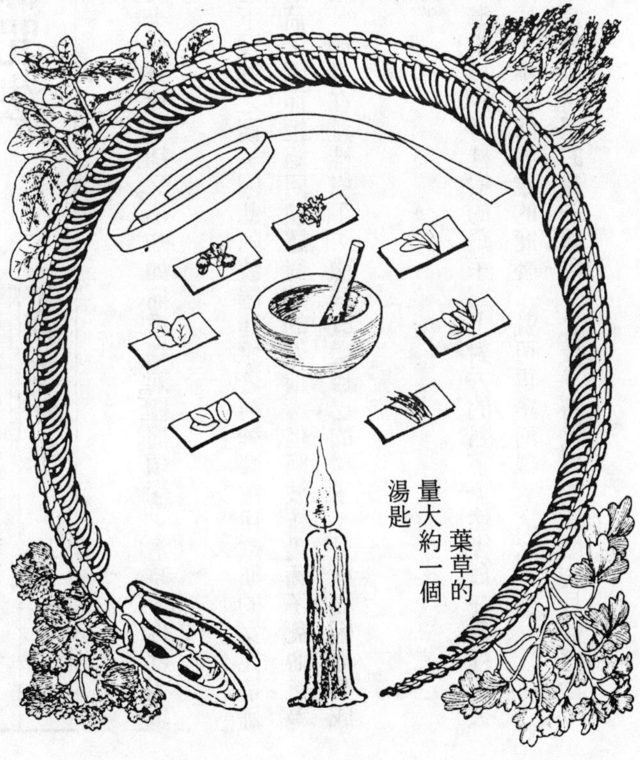

阿波羅的復緣咒法

愛的咒術 9

和拋棄自己的愛人重續前緣

如果你對拋棄自己的愛人仍十分留戀，卻又不知如何重續前緣而煩惱，這時，你就可以試試這個魔法。

頑皮的丘比特向著阿波羅射下愛神之箭，因此阿波羅迷戀著河神裴雷伊歐斯的女兒塔佛妮，但是她被射到的卻是拒絕之箭，因而拒絕阿波羅對她的愛情。但阿波羅仍舊不死心，為了能得到塔佛妮，他求助於父親，於是在月桂樹下，徹底改變自己的樣子，月桂樹因而變成阿波羅的聖樹……。

這段希臘神話故事你聽過嗎？

如果你想喚回失去的愛情，準備三片月桂樹的葉子寫上對方的名字，然後放在盤裡用火燒，這時用燃燒的煙燻對方的照片，由於阿波羅的庇護，就可再續前緣。

裝月桂樹葉所用的盤子，平常做菜時用的盤子即可。之後，將燃燒成灰燼的月桂樹葉，朝著愛人的家方向散去。

阿波羅復緣的咒法

如果你想挽回失去的戀情，可以向阿波羅神請託，然後準備三片月桂樹葉。

在葉片上寫下對方的名字，放在盤裡燒，然後用煙燻著對方的照片。

之後，再將燒完之灰燼，朝愛人住的方向散去，你逝去的愛就可再回來了。

在三片月桂
樹上用筆寫下對
方的名字。
用燃燒的煙來燻對方的照片

蘋果與仙女花的魔法

獨佔愛人的心

愛的咒術10

要完全獨佔愛人的心，心中一直產生不安的感覺，可以試試這個魔法。這是一個名叫西布魯的咒術師所發明，它可以讓你如願以償達成目的。

這個魔法必須在禮拜五的早上做，準備一個剛從樹上摘下的蘋果，於白紙上用自己的血寫下對方的名字和自己的名字，然後將蘋果切成兩半，不要切到底，把剛剛寫的白紙塞到細縫裡，再用仙女花的樹枝做成筆，插穿蘋果，直到蘋果變乾為止。

之後用仙女花的葉子包起來放在愛人的枕頭下，如此一來，愛人絕不會離開你，但是切記，別讓他知道枕頭下的秘密。

這個魔法所使用的仙女花的枝、葉，古時歐洲常常被拿來使用，但現在也可以用玫瑰的枝、葉來代替。至於蘋果的大小沒有限制。那麼血用什麼代替?只要紅色果樹絞成的汁液均可。對於用什麼來代替不用擔心，最重要是集中精神去施法。

蘋果與仙女花的魔法

如果你希望只有你才是戀人唯一的愛，你可準備一個蘋果，用刀切至中央，塞進用血寫下自己和對方名字的白紙，再將仙女花或玫瑰花枝做成的筆插穿蘋果。

蘋果由於天火會漸漸乾燥，此時，再用仙女花的葉子包起來，放在愛人的枕頭下。施行這個魔法必須在禮拜五的早上。

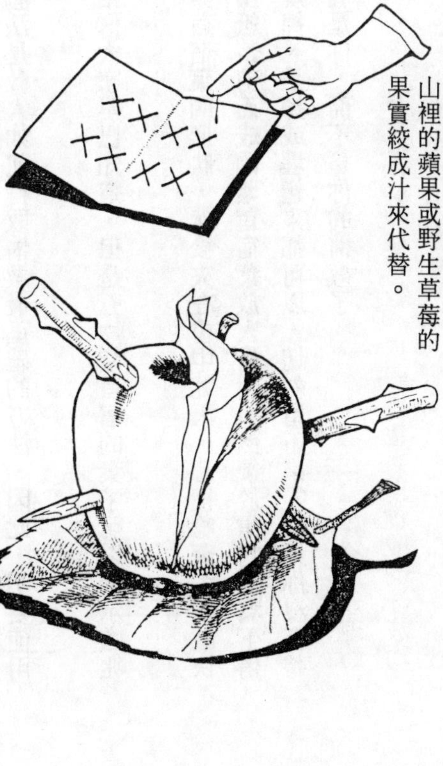
用自己的血寫下對方和自己的姓名。血也可用山裡的蘋果或野生草莓的果實絞成汁來代替。
小一點的紙比較好。
可用小蘋果
塞入紙之後，用玫瑰花枝做成的筆，插穿蘋果。

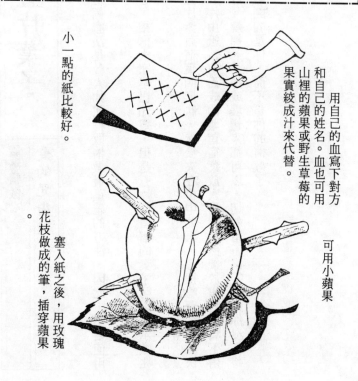

具有魔力的五片葉子

戰勝情敵

愛的咒術11

戰勝情敵的咒術有數種。這個魔法是教人如何打敗情敵最正確的方法，因此，不要使用太多次。

四片紫苜宿的葉子代表幸運，相信大家早已知道，但是五片紫苜宿的葉子可以暗示凶兆，恐怕沒有幾個人知道吧！

於滿月的夜晚，用紙裁剪五片紫苜宿葉的形狀，然後夾在書中九天，心裡唸著「情敵快離開吧！」到了第九天時，將五片由紙裁剪而成的紫苜宿葉放入信封，然後於信封上寫下情敵的名字，滴上紅蠟將信封封好，燒掉、丟掉或埋起來都可以，切勿留下來。如果你沒有將它處理掉而留到第二天，恐怕離開的是你，而不是你的情敵了。

具有魔力的五片葉子

如果你想要戰勝情敵的話，於滿月的夜晚，用紙裁剪做成五片紫苜宿葉子的形狀，然後夾在書中九天，心中暗禱情敵快點離開吧！

之後，裝入信封，寫上情敵的名字，用紅蠟將信封封妥然後燒掉。

這樣，你的情敵就會在你面前消失了。

用紙做成五片紫苜宿葉，然後夾於書本九天。
放入寫有情敵名字的信封，用紅蠟封妥，然後將它燒掉。

可以讓遠離你的愛人，感應到你的思念

愛的咒術12

最高神歐林秘法

想念愛人卻無法告訴他，在換工作或轉校的情況下，要跟對方訴說心中的愛意，恐怕十分困難……如果你正面臨如此情況，可以試試由日耳曼神話流傳下來的魔法。

在日耳曼神話中，有一段寫著：「歐林領著三神走到河邊時，突然從河上漂來二根樹枝，於是將它拾起作為材料，而創造出最初的男女。男是由多乃立克樹創造出來，因而命名為艾斯克，女是由尼蕾樹創造出而命名為安普拉，這對夫婦生活在一起而繁衍出人類的子子孫孫……。」現在所要介紹的這段魔法，即源於這段日耳曼神話。

首先，先找到河流，然後想著愛人將他的影像浮現於水面，此時拾起水面上漂浮的樹枝（如果沒有樹枝的話，可以拾起河川附近的小石頭），高叫「最高神，也是萬物之父的歐林啊！請讓艾斯克和安普拉相互結合！」之後，拿起其中一個自己帶走，另外一個朝著愛人所住的方向，將它埋在土裡。再用紅酒灌注於土上，這樣若你想念愛人的話，他也能真確地感應到。

最高神歐林秘法

如果想向遠離你的愛人傳達心中的思念，可以於河邊拾起兩根樹枝，高唱：「最高神，也是萬物之父的歐林啊，請讓艾斯克和安普拉相互結合！」然後將其中一枝埋在愛人所住的方向，再將紅酒灌注於土上，另外一枝自己帶走，這樣就可讓對方感應到你對他的思念了。

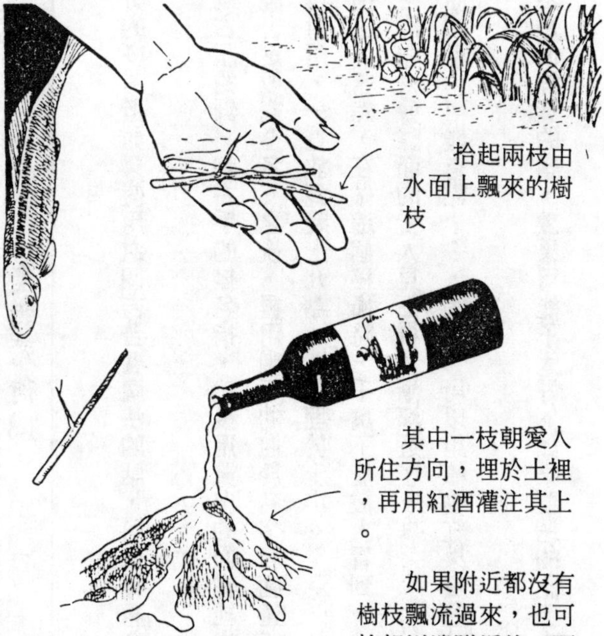

拾起兩枝由水面上飄來的樹枝

其中一枝朝愛人所住方向，埋於土裡，再用紅酒灌注其上。

如果附近都沒有樹枝飄流過來，也可拾起川邊附近的二顆小石子來代替。

紅色圓環的魔法

叫出未曾謀面的愛人
愛的咒術13

想要邂逅戀愛對象的魔法十分的多，但如果使用這個吉普賽魔法的話，可以藉著命運的紅線，讓你和對方儘早相遇。

首先，於有月亮的晚上，用縫衣服的針，刺右手的無名指，然後用流出的血在純白色的信紙上寫下你的名字，當然不用說一定要寫全名。之後，再用剩下的血於名字周圍畫三個圓形，將紙對摺。然後第二天晚上再對摺，一直放到晚上九點，然後埋於土中。

這個秘密無論如何不可洩漏出去，當然，在做這個秘術時，千萬不能被人看到。

埋於土裡經過三次的下雨天，你和未曾謀面的愛人見面機會漸漸近了。

如果用針刺無名指而讓它流血的話，可能有點……，因此，可以用植物紅果實的汁液來代替。

但是，如果代替的紅果實汁不是很鮮豔的話，效果可能不太好。如果要選的話，山葡萄、野草莓都是比較好的代替品。

紅色圓環的魔法

如果你希望用命運的線，早點牽動你和愛人邂逅的話，可以於有月亮的晚上，用縫衣服的針刺在左手的無名指，再將滴落的血，於純白的信紙上寫下自己的名字。然後於名字周圍，描繪三個具有魔力的圓環，於第二天晚上九點，將它埋於土中。如此經過三次下雨，你的願望，不久即可實現了。

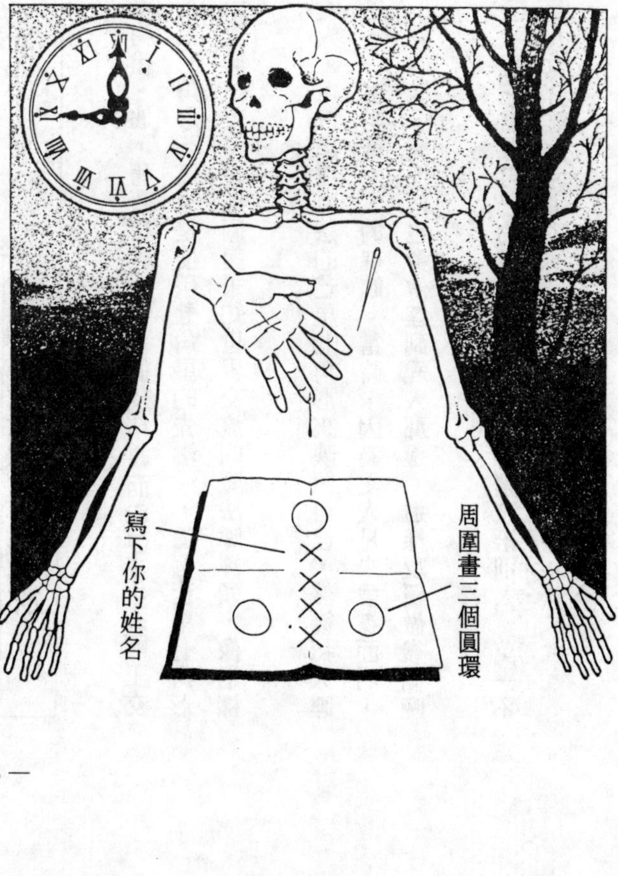

芒星七角形的護符

早點和愛人邂逅

愛的咒術14

依莉莎白王朝時候的咒術學家約翰・迪，藉著靈媒——天使及精靈而與Edward國王交流。當時所使用的魔法陣，即是芒星七角形（這也是使用七角星的先端），這個芒星七角形是個無窮盡的東西，所以既無開始也無結束，在這個與未知世界交流的魔法陣裡頭，像這樣的陣，無限地多。

如果你想叫出來未曾謀面的愛人，可以用這魔法的芒星七角形來映照自己，然後每天睡覺前，用手指一邊指繪愛人的樣子，一邊叫著愛人的魂魄。當時，因為愛人是未曾謀面的，描繪時完全憑個人的想像，之後，你的樣子與性格也會傳達到愛人那邊。這樣反覆做幾個晚上，你的愛人就會出現了。

之後，芒星七角形要慎重保管。把它當成自己的護身符。千萬不可讓渡給別人。萬一不小心落入他人手裡，和你邂逅的愛人也會離你遠去了。

芒星七角形的護符

如果你想要和未曾謀面的愛人邂逅的話，可以用與未知世界交流的魔法陣，而形成的芒星七角形來映照自己，這樣你就能受到庇護，這芒星七角形也因而成為你的護符。

每天晚上睡覺前，用手指於芒星七角形的護符上，描繪心中理想對象的樣子，不久，那個人也會出現。

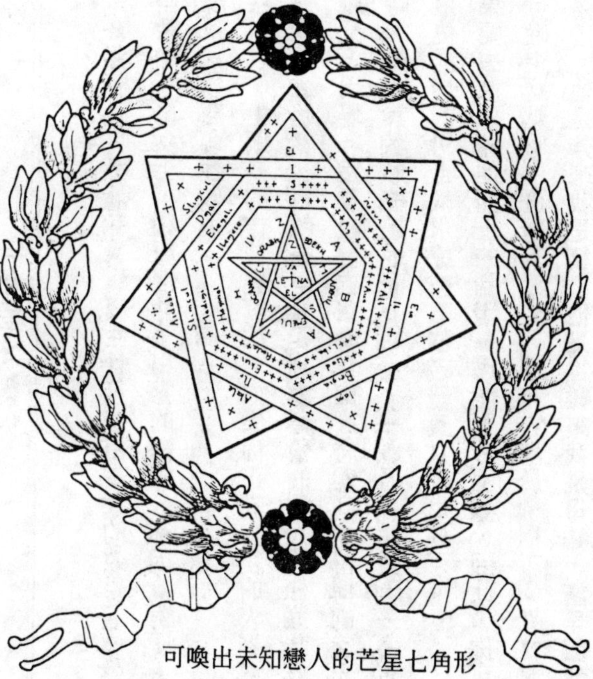

可喚出未知戀人的芒星七角形

腳印的魔法

杜絕愛人到處拈花惹草

愛的咒術15

和吉普賽有關的魔法十分多，無論是那個都帶有強烈個性且具有相當大的效果。你曾聽聞過一個悲劇性的故事嗎？住在倫敦的一位女士，和魔法結了相當的深緣，卻因為對愛人的思慕無法於現實生活中結合，而導致了以悲劇性收場。

這個抑制愛人過於濫情的魔法叫G・里朗多的吉普賽魔法。如果你正為心愛的人到處留情而煩惱不已的話，倒是可以試一試。這個魔法也就是用於愛到處留情的愛人，什麼時候老毛病犯了你不知情的場合裡，可以派上用場。這是根據吉普賽女郎，將愛到處留情的愛人，當他停止走路而在地上留下腳印時，按照其腳形挖起地面上的土，一邊唱著咒文，一邊將挖起的土埋於柳樹下。如此一來，這位濫情的男士就永遠被這位吉普賽女郎釘住了。

現代我們居住的空間裡，如果要去挖停於地面上的腳印，可能十分困難，因此，你可以拿愛人的鞋子放在紙上繪出其形，晚上八點時，邊唱著咒文，邊將它埋於柳樹下。咒文是出自原典，如下：「**不要再令我悲傷了。他是斧來我是柄，他是雄雞來我是母雞，請早讓我們結合在一起！**」這個咒文最好能全背下來。

腳印的魔法

如果你想杜絕愛人到處拈花惹草的話，可以依其腳型，將它繪於紙上，於晚上八點時，唸著：「不要再令我悲傷了。他是斧來我是柄；他是雄雞來我是母雞，請早讓我們結合在一起！」，邊唸咒文時，記得邊將紙埋於柳樹下。

這樣的話，你的愛人就永遠被你釘在身邊了。

可以拿愛人的鞋子，將其腳型繪於紙上，夜晚八點時，一邊唸著咒文，一邊將紙埋於柳樹下。

分手的秘法

想和日漸反感的愛人分手

——愛的咒術16

如果你想和日漸反感的愛人分手，但卻說不出口，想用自然方式讓對方離開你的話——這時，你就可用根據真言神道所傳授之秘符，非常管用。

沐浴（用清水洗淨頭髮及身體）之後，以平靜的心汲取小河的水（必須是清澈的河流所分出的小河流），然後用它來當墨汁，在白紙上寫下：

女 女
合山鬼喼急如律令

將所寫好的紙放入信封，封妥之後，於信封前面及後面寫著：

前面↓死　後面↓☆

之後，趁對方不注意時塞進枕頭，切記，這件事誰也不能說。

使用完了的墨汁，朝家的南方丟棄。

如果剩下的墨水想重複使用也無所謂。

分手的秘法

如果你日漸對你的愛人反感而欲分手的話，可以採用這種自然方式的秘法，它是根據真言神道而來的。

首先，以沐浴來鬆弛神經，汲取清澈河流所分出的小河流的水，當做墨汁來寫咒文。寫完之後，將紙放入信封，於信封的前後，各畫符咒，這個秘符隨身攜帶或趁愛人不備放入其枕頭，這樣的話，沒多久的時間他就會遠離你了。

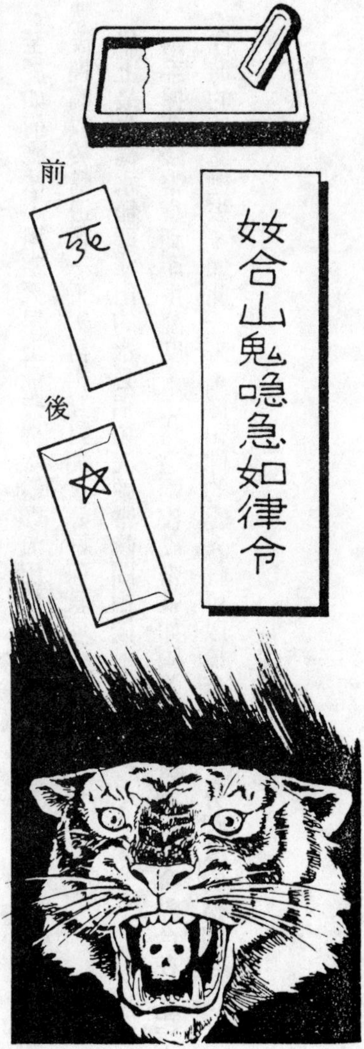

具有魔力的硬幣

和愛人的愛永不變質……

愛的咒術17

這是一個讓你和你愛人之間更加相思相愛的魔法。它能讓你們之間的愛，今生今世永不變質。

首先，準備兩枚外國硬幣，由於這個魔法是由美國傳來的，因此用銀色的美國二角五分錢幣最具有魔力，在歐美等地，特別將銀幣視為幸運的象徵。

至於如何施法，用當天早上最先從水籠頭流出的水將銀幣洗過，兩手握著直到產生溫度，然後輕輕放於嘴邊親一下，再相互對調，好好保管。

早上最先從水籠頭流出的水必須和洗硬幣時間相同。

兩手握著錢幣直到產生溫度，這時這兩枚硬幣就如同強力接著劑自然會黏合在一起，之後，往海的遠處拋去，如此一來，你和你的愛人就可以擁有一段十分圓滿的婚姻。

具有魔力的硬幣

如果你希望和愛人今生今世的情感永不變質的話，可以準備二枚硬幣，用那天早上最先從水龍頭出來的水清洗過，然後兩手握著它，直到硬幣產生溫度後，放在嘴邊親一下。

再將那兩枚硬幣互相對調，如果你們想結婚於結婚時，將兩枚硬幣黏好投入海中。如此一來，你們將擁有一段十分圓滿的姻緣。

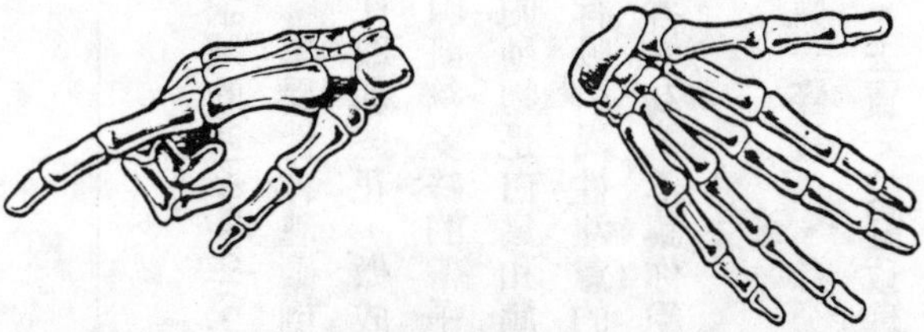

用那天早上最先從水龍頭出來的水清洗，然後相互對調。用美國的二角五分錢幣效果最好。

結婚時，將兩枚硬幣黏好，向著海的遠方投去即可。

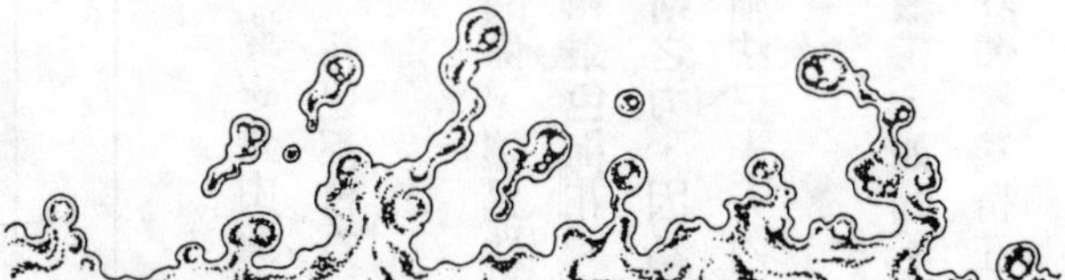

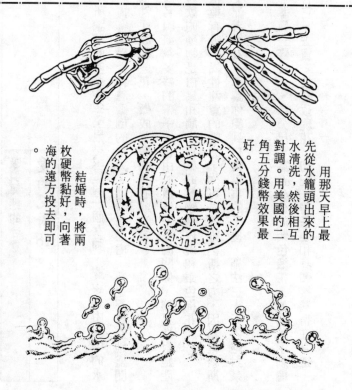

凱絲多絲帶

吸引異性的注意

愛的咒術18

愛神維納斯和希臘神話中所記載的Aphrodite可以說是同一個女神，據說是由海中的水泡所生成的，長得十分美麗，擁有讓異性神魂顛倒的魅力，她所過之處，花兒都會為她盛開，因此，掌理四季的女神們也就採取那些花，做成美麗的花冠或衣裳。

維納斯女神常常帶著一條名叫凱絲多絲的帶子，也由於這條帶子的關係，讓異性對她產生了愛慕之意。維納斯女神喜歡的動物是白鳥和鳩，喜歡的植物是玫瑰和銀色梅花。

如果你也要像維納斯一樣擁有吸引異性注意的魅力，你可借助維納斯之力，因為維納斯也是那條純潔具魔力帶子的支配者。為了不讓你受到日常雜事的干擾，施法三十天內絕對禁煙禁酒。

你要如何做那條帶子呢？準備一條長一•二公尺，寬五公分的紫色緞帶，如圖所示刺繡在上。然後於星期四傍晚帶著它，去買一枝紅玫瑰花，切記，帶子要和身體接觸帶在身邊，勿讓別人看到它。

凱絲多絲帶

如果你希望得到異性的注意，可以借維納斯女神之力來達成願望。

準備一條紫色的緞帶，用金色、紅色、銀色分別繡上太陽、十字及月亮。然後於星期四傍晚時，間攜帶著那條緞帶去，買一枝紅玫瑰花。這樣你就能成為這條高潔且具魔力帶子的支配者，你也能成為異性注目的焦點了。

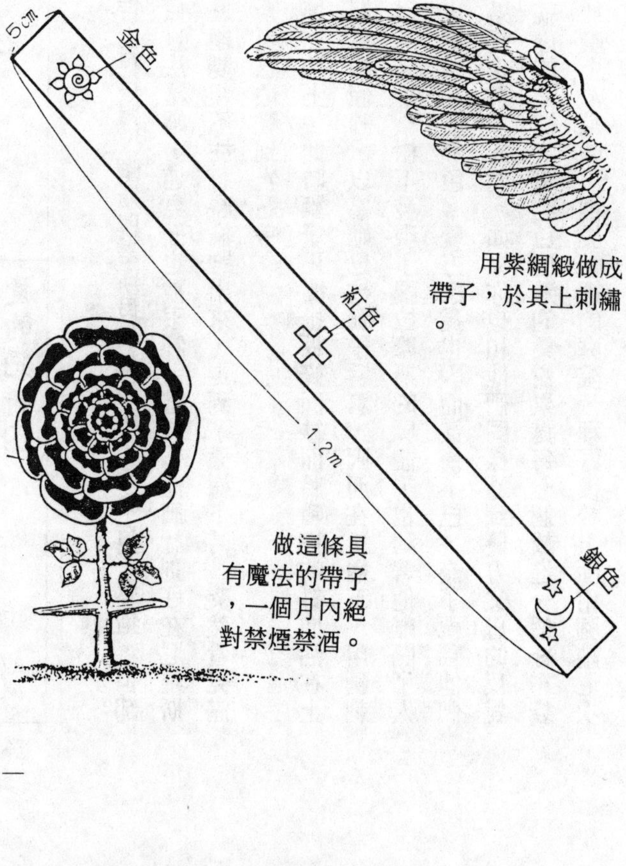

用紫綢緞做成帶子，於其上刺繡。

做這條具有魔法的帶子，一個月內絕對禁煙禁酒。

如何促成雙親反對的婚姻

愛的咒術19

桑樹果實的魔法

在古時Babylonia這個王國裡，青年飄拉摩斯與蒂斯貝伔鄰而居，後來有了感情，但卻因為雙方家長感情不睦，兩人不只無法結婚，連見面也被限制，當時，他們計劃好在尼羅斯墓地偷偷約會。約會那晚，蒂斯貝趁雙親不注意時偷跑出來，走到了桑樹下時，突然看見滿口鮮血的獅子出現，蒂斯貝十分緊張急忙躲到岩石旁。

由於過分緊張不小心將面紗掉在地上，此時獅子正撕扯那條面紗而將嘴裡的鮮血沾在上面。後來飄拉摩斯趕到發現了蒂斯貝的面紗，以為她已被獅子吞筮，因而在桑樹下，用劍刺向自己的胸膛，為愛殉情。蒂斯貝不久於桑樹下發現了飄拉摩斯的屍體，也隨著他離開了人世。從那時候開始，桑樹的果實也變成了紅顏色。雙方家長也因而懊悔不已，為了祝福他們摯熱不移的愛情，於是用桑樹的果實來祭拜他們。如果你也和他們同樣遭到雙方父母的反對。即可藉著桑樹果實的魔力來成就你的愛情。將紅色已熟的桑樹果實每七個放進一個紅布袋裡頭，總共放兩個布袋。之後，於晚上八點時，埋於家裡的庭院，埋好後於上面用腳踏七次，這樣你們之間的愛情，就可受到周圍人的祝福。

桑樹果實的魔法

如果，你的愛情受到父母的反對，無法和戀人結為連理，你就可藉著桑樹的果實來成就自己的愛情。

將已熟的桑樹果實放進兩個紅色布袋，平均每個袋子放七個。之後於晚上八點時，埋於庭院用腳在上踩七次，心裡想著自己的愛情可以得到祝福，不久，周圍的反對聲也就跟著消失。

將已熟的桑樹果實放進兩個紅色布袋，平均每個袋子放七個。
晚上八點時，埋於庭院，在上面用腳踩七次。

愛的咒術20

化解兩人之間的誤會

Psykhe蝶的魔法

被箭刺傷胸口的Eros愛戀著少女Psykhe，但是卻因為愛神Aphrodiee的詛咒，無法娶她為妻。Eros為了能和Psykhe結婚想出了一個方法，於是和Psykhe約在自己的神殿見面，但她卻一直沒有出現。

有一天，她的兩位姐姐把Eros誤為怪物而刺傷了他，之後，還處處刁難他，不久Zeus神就將受傷的Eros救走。

這是希臘神話中的故事，如果你知道的話將會使你魔力增加數倍。

如果你無意中刺傷愛人的心，可以試試這個魔法。

抓一隻蝴蝶將它包在手中，你們之間的誤解將會迎刃而解。希望神話中蝴蝶表示靈魂的象徵，同時Psykhe也表示靈魂之意。雖然做法說起來簡單，但實際上捕捉蝴蝶的技術十分困難。尤其是像冬季般關起心扉的愛人，要喚回春天的光景，恐怕要相當相當的努力。如果你能真誠地反省的話，可以用棉布做成蝴蝶來代替。

Psykhe蝶的魔法

如果你無意中傷了愛人的心，可以抓一隻蝴蝶來化解你們之間的誤會。那隻蝴蝶抓到後將它包在手中，然後於心中祈求，你們之間可以重修舊好，這樣，就可雨過天晴了。

像冬季般關起心扉的愛人，不久，就會回到春天的光景了。

捕捉蝴蝶十分困難，因此，可以用棉布作成蝴蝶來代替。

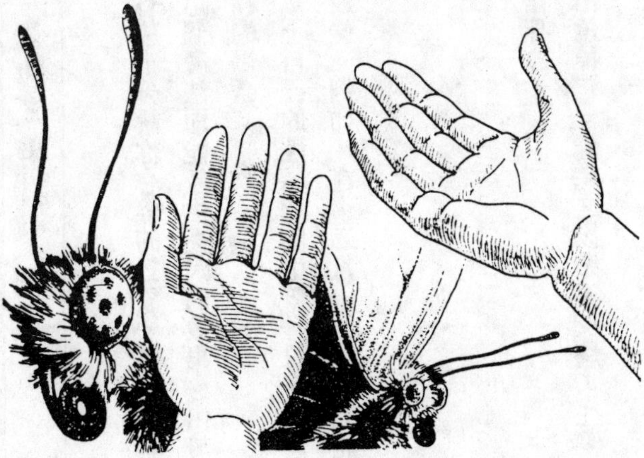

愛的咒術21

讓單戀的人知道自己的存在

絆住對方的妖咒

如果每天早上搭車時，或是自己曾去過的店裡，有位十分讓你心儀的對象，但礙於若無說話的機會，一直無法讓對方感受到自己的存在時，這個魔法即能產生極大的效果。由於這是由真言神道所傳來，如八十二頁所示，用於對方不在的場合。

首先，如左圖所示，在棉紙上用墨汁於背面紙上寫上自己的姓名及出生年月日。這個護符做的時間最好選擇在和對方能夠碰面的日子裡效果最佳。例如，在十二月十七日這天能跟對方見面，那麼就選在這天做。

屁角和合喼急如律令

作好這個護符後，將它裝入護身袋裡然後隨時帶在身邊。

之後，如果有機會和對方接觸時，再從護身袋拿出燒掉它。燒完之後聚集灰燼，往愛人住的方向埋於土中。

絆住對方的妖咒　如果你只知道對方的樣子，卻苦無接觸對方的機會，想要讓對方知道自己的存在時，即可選擇與對方碰面的日子裡，做這個護符。

於棉紙上用墨汁寫上「屁角和合喼急如律令」，背面再寫上你的姓名及出生年月日，然後隨時帶在身邊，只要一和對方接觸，馬上燒掉它，然後收集灰燼往對方住的方向，埋於土中。

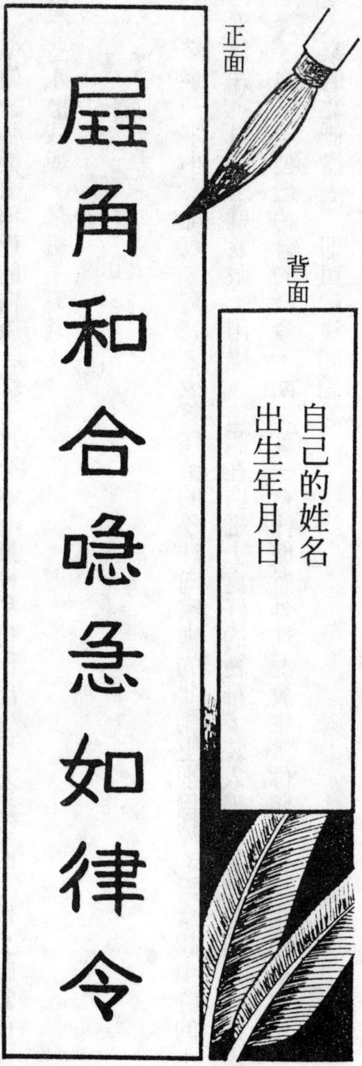

能夠與對方約會的護符

能製造約會的機會

愛的咒術22

如果想尋找男女朋友，可以為你介紹這個護符的做法。只要隨時帶著它，你就有與異性約會的機會。

但是，這只是魔法幫你製造機會而已，之後的努力，還是得靠自己。

準備一張從未用過的白紙，從土地公廟（最好和自己出生地方接近的土地公廟為佳）汲取一些水磨成墨，於紙上寫著：

暑暑魔品嗯急如律令

一字一字小心地寫，寫完之後將殘留的墨汁向家裡的北側土裡倒掉。再拿起少許的土用白紙包好，日後，就會派上用場。這個在白紙上寫好的護符，裝入護身袋裡隨時帶在身邊，之後，你就能製造約會的機會，如果萬一有什麼意外情況發生，你將「土」由白紙拿出，朝愛人家的北側撒去，即可解決問題。

將墨汁倒在能夠吸收水分的土裡比較好。

能夠與對方約會的護符

如果你一直想尋找一位愛人，想替自己製造機會的話，就可做這個護符。找到離你出生地方最近的土地公廟，汲取一些水磨成墨汁，於純潔無瑕的白紙上寫上如右圖所示的咒語，之後，再將剩下的墨汁，朝家裡北側的土裡倒掉。此時，取走些許的土保管好，日後若有什麼難題發生時，即可派上用場。護符最好寸步不離身。這樣機會才容易到來。

能夠得知愛人的秘密

愛的咒術23

揭穿秘密的徽章

這是一個關於配偶或愛人隱藏秘密，在外拈花惹草的方法。

找一片乾燥的木片，在上貼上如圖所示的紋章（紋章的圖形可用影印），然後拿曬乾魚骨頭一起燃燒，這個魚骨頭越大越好。如果煙越多表示效果越好，因此，可加一些別的助燃物。一邊燃燒，一邊心裡祈禱能知曉愛人隱藏心中的秘密，數日之後，你心中所疑惑的問題即可揭曉。

這個方法，基本上必須對愛人抱著相當程度的愛情，如果對對方有恨意，切記不可施行這個魔法，因為嫉妒與憎恨是負面的，伴隨著秘密的揭曉，可能會導致分手，而且，會造成自己一些不良的影響。

魔法種類很多，有位作曲家彼得・圭勒克為了喚回變心的妻子，會使用某種護符，雖然挽回了妻子，不久之後，他也自殺了。因此，在使用這魔法之前，最好小心些。

揭穿秘密的徽章

極為親密的秘密

如果你想知道你心中所隱藏的秘密的愛人心中所揭穿秘密的徽章，可以於乾燥曬乾的大魚骨，然後與煙一起燒掉的木片上貼上，頭一邊注視著燃燒中的祈禱火，一邊發現，對方的秘密就會揭曉了。

對術方有，不然意的情況在這個咒術時，切記不能在切記不能施行這個咒術時，有下使用，不幸的事情發生。

揭穿秘密的徽章

ROLOR
OBUFO
LUAUL
OFUBO
ROLOR

彼得・圭勒克所使用的護符

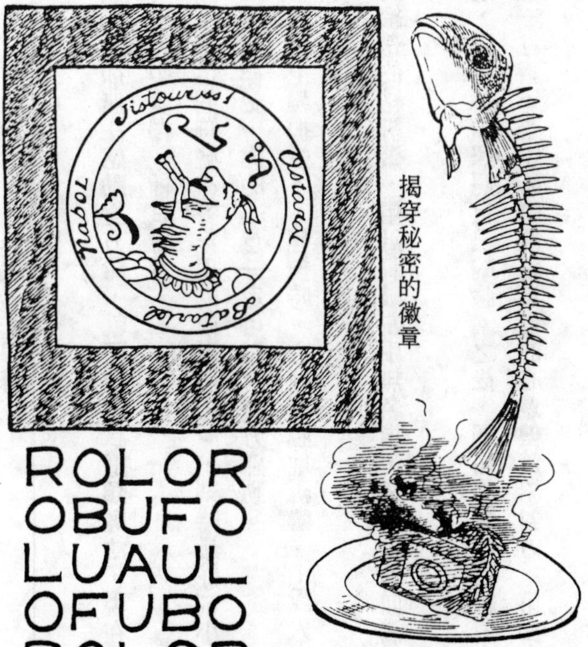

愛的咒術24

讓禮物發生實際的作用

贈送禮物的魔法

如果你想贈送禮物，取悅愛人，但卻無法感動對方時，就可以試試這類魔法，現在為你介紹幾種方法。要送禮物之前，可以從中選擇一種試看看。

①可於包裝紙的一角，用針刻上☿這個符號（麥丘里的象徵標記），刻時最好刻小一點比較不容易讓對方看到。如果刻上這個標記，你的心意一定可以令對方感動。

②送禮物前，用大鳥的羽毛於禮物上輕撫幾下，輕撫時，心裡專心地祈禱——愛人有好的反應。

③緞帶最好選擇紅色，然後將緞帶的結綁緊，用針刺破左手無名指，將流出的血滴在緞帶所打的結上。

④選擇一面鏡子，在包禮物前，先在鏡中照照自己的臉。之後，即可將禮物送給對方。

⑤在送禮物的前一天晚上，燃一柱香，心中祈禱能將自己的心意傳達給對方。第二天送禮物前，再燃一柱和昨天相同的香。

贈送禮物的魔法

如果你想藉禮物來表達心中的感覺，並希望對方也能了解，這時，你就可以試試關於這方面的魔法。一、麥丘里的法術。二、鳳羽的法術。三、染血緞帶的法術。四、分身鏡的法術。五、燃香許願的法術——以上所介紹的方法，你都可以試看看。

你的愛情，將會更有收穫。

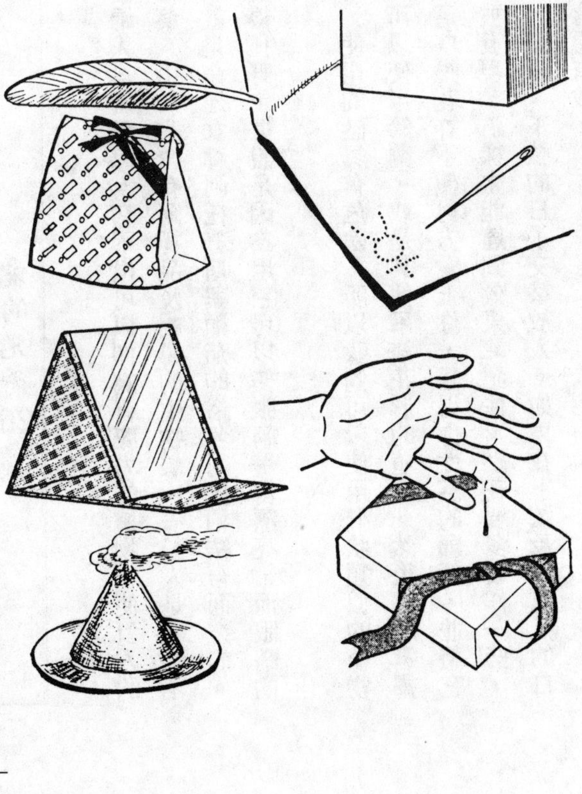

讓對方感受到你的性感

愛的咒術25

顛茄的魔藥

顛茄在拉丁語中是「美麗的貴婦人」的意思。它不但可以作為有魔力的植物，使對方的心變得狂野，也可以用來當作是毒藥。由於它含有阿托品及劇毒的生物鹹，一般人是絕對不能拿來使用的。阿托品名稱的由來就是命運女神阿托普斯與顛茄的俗名阿托帕結合而來的。至於這種顛茄為何會使對方的心變得狂野，據說是因為用它可以使眼睛變得漂亮，而眼睛的魔力就可以使對方為之著迷。

在這裡，因為顛茄是有毒植物，使用的話具有危險，所以我們可以使用形狀類似的植物即可。顛茄的花形有如吊鐘，因此可以使用鈴蘭，或是其他吊鐘花形的植物。然後將所選擇的吊鐘形狀的花作成壓花。之後對這些壓花許下使對方愛上你，覺得你性感的願望，並將它放在對方的枕頭底下而且要隱密不被發現，這樣才能達到效果。記住，壓花要多製作一些，而且隨著月亮形狀的改變，依上弦、滿月、下弦的日子交替放入。如果在上弦及下弦月的日子裡，在左右各放一個半月形的話會更有效。

美麗貴婦人的魔藥

如果你想讓對方有性的慾望，即可使用吊鐘草做成的押花來達成願望。

之後，將做好的吊鐘草放在愛人睡覺用的枕頭下，悄悄地做別讓對方發現。

最好能多做幾個押花，可以做月亮的形狀或太陽的形狀互相替換，這樣的話，就能讓愛人時常感覺自己新鮮且具有魅力。

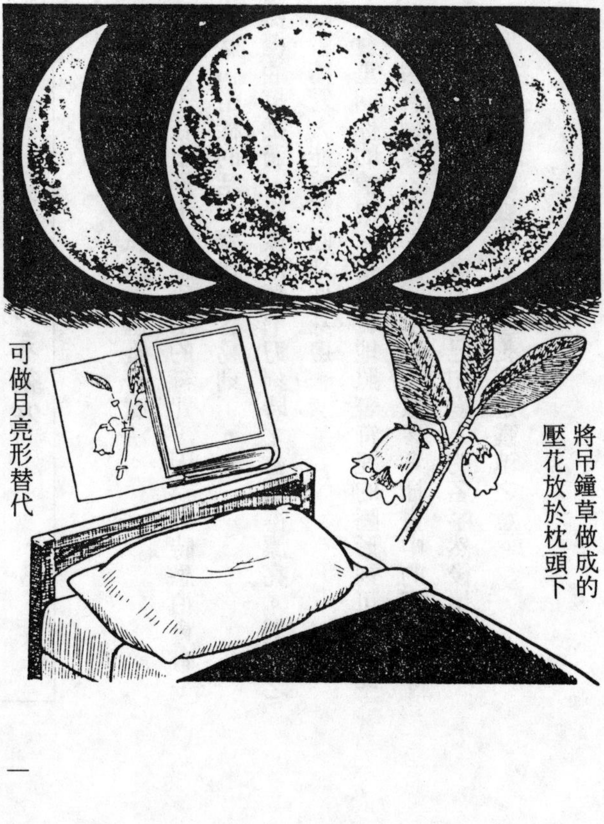
將吊鐘草做成的
壓花放於枕頭下
可做月亮形替代

靈魂蝶的符咒

挽回逝去的愛
愛的咒術26

如果你想挽回逝去的愛，和愛人復合的話，即可試試這個護符魔法。

準備一個長寬各十公分的木片，用刀子在上刻下如圖所示的符咒，因為刻時恐怕會有一些困難，最好先用粗的原子筆描繪形狀，這樣的話，就比較容易刻了。

在描繪符咒之後，一定要先用橄欖油擦拭過，這樣用雕刻刀刻時才會刻得漂亮。刻完之後再滴數滴橄欖油，這時，心中默默祈禱愛人能重新回到你身邊。

這樣每天反覆地祈禱，愛人必定會重回你的懷抱。要忠實地照著符咒的圖形刻可能有些困難，因此，可以照著蝶的輪廓來刻，因為蝴蝶不容易抓，所以可以參考插畫中的蝴蝶圖。

如果，你的愛人已回到你身邊，在這個木片的背面寫上自己和愛人的名字然後燒掉。

這是一個由希臘神話演變而來的咒法，其中蝴蝶代表的含義即是靈魂之意。

靈魂蝶的符咒

如果你希望和愛人重續前緣的話，可以準備長寬各十公分的四方形木片，塗上橄欖油。

之後，再刻上蝴蝶的符咒，刻好再滴上數滴橄欖油即可。

假使愛人重回你懷抱，在木片的背面寫上愛人和自己的名字然後燒掉。

代表靈魂之意的蝴蝶符咒

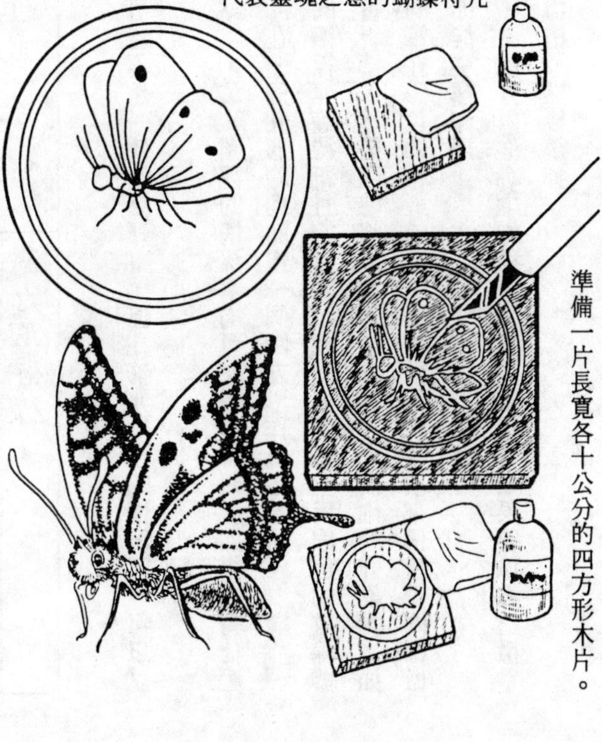

準備一片長寬各十公分的四方形木片。

愛的咒術27

想要隱藏一些不欲人知的秘密

隱藏秘密的徽章

隱藏一些不欲人知的秘密，這可能不是一件什麼好事，但在情非得已的情況下，可以試試這個方法。

「在不想讓他人看見自已的弱點」，這範圍裡的情況下均可使用這符咒，如果你有什麼秘密不想被揭發的話，即可試看看。在一個圓形的裡面畫一個四方形作為徽章用。

準備的東西有黑色的布及銀色的繡線。等待新月的夜晚，在黑色的布上用銀色的繡線繡上徽章的形狀，之後，連續七天焚香祈禱，然後隨時將徽章帶於身邊，做為你的守護神。如果沒有刺繡技術的人，可以用銀色的筆在黑色的布上或紙上描繪徽章的樣子來代替。同樣做好之後焚香七天，隨時帶在身邊，即能發揮作用。

記得這徽章不能被看到，否則，三個月內你心中的秘密將會被揭露。如果要抹消這徽章的話，選擇於滿月這天，滴上數滴橄欖油然後燒掉。

隱藏秘密的徽章

如果，你有不欲人知的秘密，就可以做一個隱藏秘密的徽章，然後隨時帶在身邊。

於新月的夜晚，在黑色的布上，用銀色的繡線繡上設計好的徽章圖形，之後，焚香七天。

這個徽章如果被人看到的話，三個月內你心中的秘密就會被發現。最好將它小心帶在身邊。

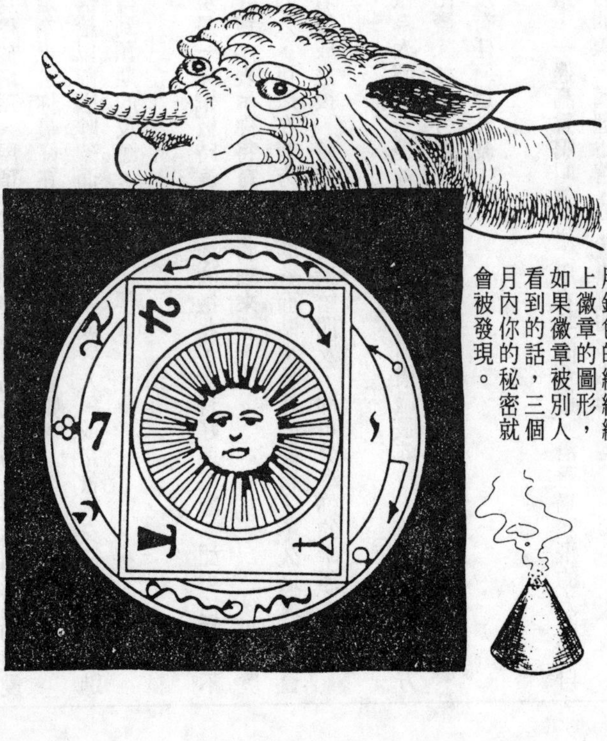

在黑色的布用銀色的繡線繡上徽章的圖形，如果徽章被別人看到的話，三個月內你的秘密就會被發現。

馬上即能實現的魔法①

●白鳥停於屋頂時

如果眼前正好有隻白鳥停於塔頂、屋頂或是電線桿上等高的地方，表示這隻鳥即是愛和友情的使者，直到牠飛走為止，你最好在那個地方一直守著牠。

如此一來，如果你寫信給以前因吵架而絕交的朋友或愛人，或是曾經交往想要有更進一步發展的人，一定可以得到預期的反應。

●拾起硬幣時

如果你拾起硬幣，發現是一元銅板時表示幸運的徵兆，會有好運來臨。如果拾起的不是硬幣而是沒有半毛錢的錢包，表示你將有財運的到來。

又，如果心中有心儀的人，可以在對方相片的背面貼上拾起的硬幣，不久之後，將會有更進一步的發展。願望若達成之後，將這枚硬幣送給朋友，即可分享你的幸運。

●黑貓橫過眼前時

黑貓的魔力在於牠能做為人們的守護神。如果看到黑貓橫過眼前時，前進之後再反方向折回五、六步，重新再出發。如果旁邊有彎道的話，在那個地方轉彎一直走到目的地，整個過程中你將平安無事沒有任何意外發生。

●烏鴉吵雜地鳴叫著

如果烏鴉一邊在天空飛，一邊高聲鳴叫著時，用右手的食指，沿著烏鴉飛的方向到自己的頭上，劃一道強而有力的線，嘴裡唸著：「埃喜羅伊伊撒姆」。

如此一來，即能完全封閉所有的惡因，你的周遭也不會有什麼不好的事發生了。

實踐法Ⅱ

建立良好人際關係的咒術

花格子飾物的秘咒

避開討厭的上司及同事

建立良好人際關係的咒術1

上司可以選擇部屬，但部屬卻無法選擇上司。在好的主管底下工作是件極為幸運的事，但若遇到與自己經營理念不同的上司，可能就不是這麽一回事了。這時，你可以試試阿魯見魯・達朗這個秘法。

黑色條紋布料是在阿拉伯這地方被發現的，但據說穿著白色條紋布料會更加顯得高貴。如果你能送給對方可以繫於脖子或手指上的小飾物，而是用那種布料做成的話，就能令對方悲哀而產生猜忌。之後，也能更加反省自己，不再對你有所攻擊。

因為不能送像掛於貓脖子上鈴鐺那樣的小飾物，最好是別針或領帶夾較適宜，趁上司或討厭的同事不在時放在其抽屜的一角。應用這魔法的情況，其範圍很廣。像想與日漸反應的愛人分手，就可以讓他帶上花格子布料做成的小飾物。如果東西太昂貴，用仿製品也無所謂，但必須格子的，花紋也要像真的一樣美麗。

花格子飾物的秘咒

如果你希望避開意見不合的上司或討厭的同事，即可借阿拉伯的白咒術，首先，先找到一個黑色花格子的飾物。

然後將這個飾物，贈送給對方，可以讓對方戴於手上或脖上的為佳，若無法這麼做的話，可以將這飾物秘密地放入對方桌子抽屜裡的一角，如此一來，對方就會自我反省，不再找你麻煩了。

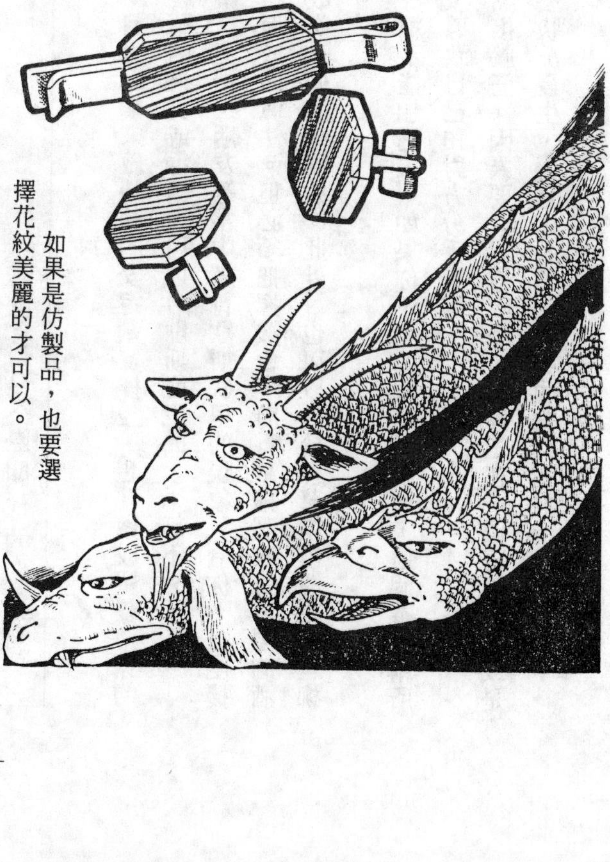

如果是仿製品，也要選擇花紋美麗的才可以。

香草的魔法

令歇斯底里的人平靜下來

建立良好人際關係的咒術2

香草不只可以拿來做成菓子，還可以拿來做精神的安定劑。據說，想要做成羅曼蒂克的春藥，也可以用香草來做。使用香草的果實或香精，可以令歇斯底里的人平靜下來。

如果和你交往的對象或是同事、上司、朋友等當中，有歇斯底里的現象，令你十分困擾的話，就可以試試由香草混入飲料而成的魔法。但必須把握機會，將香草精滴入對方喝的酒裡，不久，對方就會改變性情，成為一個溫和的人。此外，也可以先於香草精裡混入一些柳橙汁，然後再加水調和放入酒裡。

記得，櫻桃或其他的水果果汁絕不能加進去，如果你不小心放錯了果汁，這個香草精所具有的魔力也會跟著改變，例如，導致自己和對方分手等等。

至於什麼時間來做，可能有點傷腦筋。因為要令對方喝酒，最好選在一週將結束，或是晚上六點以後，這樣才不會有什麼狀況發生，而且，香草的效果也會比較好。

香草的魔法

你正困擾於周圍的朋友，有人十分地歇斯底里，即可用香草的清香來滋潤對方的個性，讓他從此成為性格溫和的人。

最好的方法，就是於少量柳橙汁裡頭，混入幾滴香草精，之後再放入對方喝的酒裡。但切記，絕不能加入其他果汁。

用水調和柳橙汁和香草精，然後再放入對方喝的酒裡。但千萬別加入櫻桃的果汁。

用向日葵和狠牙來驅邪避魔

杜絕別人對你的嫉妒
建立良好人際關係的咒術3

阿魯貝魯•魯•科賴是伯爵家出生，生於一一九三年，死於一二八〇年，於中世紀有名的咒術師，一二二二年學習多米你克派科學，曾於歐洲各地與巴黎等地教授神學及哲學，他的秘典於一六五一年出版，其內容大多數應用阿拉伯及猶太人的秘法。

其秘法之一，就是杜絕別人對你產生嫉妒。向日葵這種植物具有向太陽之意，因此，摘這種植物選擇八月最適宜，當然八月以外也無所謂。摘了向日葵之後和狠牙一起用月桂樹樹葉包起來，之後，即使在於人多的場合也不會被人所嫉妒。

但是，現代的社會，要找到狠牙這種東西十分困難，因此，這部分你可用猛獸的爪或齒，或是象牙來取代。也有人從東南物產展的展覽館裡取得這些東西。月桂樹樹葉用專門來調理用的月桂葉也可。

用向日葵和狼牙來驅邪避魔

如果你不希望遭到他人的嫉妒，可將向日葵和狼牙用月桂樹樹葉包起來，即可驅邪避魔，然後隨時帶在身邊，如此一來，就可保護你自己免於傷害。

你周圍的人也會跟隨你，接受你的領導，發揮集思廣益的力量。這是由猶太地方傳來的秘法。

建立良好人際關係的咒術4

建立圓滿的人際關係

白芷根的秘酒

人因能在人與人之間生存著所以才叫人類，但是要建立圓滿的人際關係可能不是一件容易的事。現在，如果你並沒有人際關係方面的困難，但是，想要在那方面得到圓滿，就可以試試現在所要介紹的這個方法，做看看未嘗不好。

白芷根，是Sherry科的一種多年草，語源來自NGEL，即是天使之意。藉著惡靈及咒術之來保護自己，使用這個魔法的目的與場合是十分多樣化的。

於新月這一天（從滿月數來第十四天），將少量的肉桂、香草精和白芷根混合，再加入少量的酒，放至滿月發酵，然後再讓自己的好友喝下，不吉利時再給自己喝。如果有什麼事發生，自己即能處理的很順利，也能越來越有自信。

宴會時，將白芷根，加入衆人所喝的威士忌或別的酒裡，如此一來，將可建立和樂圓滿的人際關係，但是摻入時，切記沒有任何目擊者於現場，否則，後果恐怕不堪設想。

白芷根的秘酒

如果你正惱於複雜的人際關係時，即可試試這個方法。

於新月的夜晚，將少量的肉桂、香草精以及白芷根混合，再加入一些烈酒，讓它發酵直到滿月。然後將這個秘酒給對方喝下，再給自己喝下。若有什麼不愉快發生時，能將人際關係處理地很圓滑。

於新月晚上將東西做好，然後放至滿月使其發酵。

建立良好人際關係的咒術5

和吵架過後的朋友重修舊好

紅薔薇與白薔薇的魔法

於十五世紀後半，曾發生以紅薔薇為標誌的朗卡斯達家族與白薔薇為標誌的尤庫家族爭奪王位而引起的三十年戰爭。這在歷史上又稱薔薇戰爭。

結果，朗卡斯達家族的亨利七世取了尤庫家族的伊莉莎白為妻，平息了這場王位之爭。但是那時以紅白薔薇組合標誌的都德（TUDOR）王朝，直到現在，仍是英國王室的徽章，且薔薇也成了英國的國花。

關於薔薇的故事很多，但是若你想和吵過架的朋友重修舊好，可準備一支紅薔薇與一支白薔薇，於新月的晚上，各自摘下三片最大的花瓣，將六枚花瓣組合成紅、白、紅、白……這樣的交互狀態，然後用線繫成圓輪狀，倒掛於房屋的北側，直到它完全乾燥為止。

於滿月的晚上，將花瓣卸下然後燃燒。在不久的將來，將會和吵過架的朋友重修舊好。如果你在採花瓣的過程中，若被其刺刺傷的話，暗示你們之間吵架的原因，有第三者中傷。

紅白薔薇的魔法

如果你希望和吵過架的朋友重修舊好時，準備白薔薇和紅薔薇各一支，然後於新月的晚上，各自於上採集三片花瓣，以紅、白、紅……如此交互狀態用線繫成圓形狀態。之後，將其朝房屋的北方倒掛，直到完全乾燥為止。等到滿月的月光從窗户射進時，將花瓣從輪上卸下而後燃燒。將友情的裂痕完全燒成灰燼。

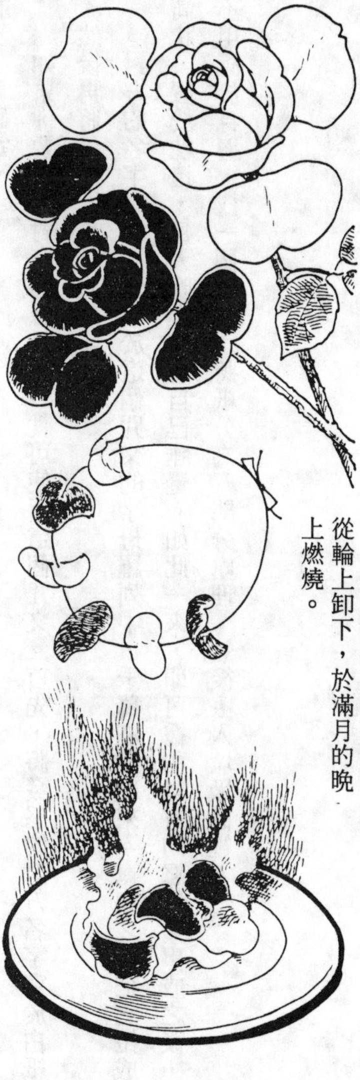

將已乾燥的紅白薔薇從輪上卸下，於滿月的晚上燃燒。

阿布拉卡達布拉

建立良好人際關係的咒術6

緩和對方的怒氣

無論是誰大概都略有所聞使用「阿布拉卡達布拉」咒文的魔法。

它是源自醫師為消除病魔，一邊唸著咒文，一邊於羊皮紙上畫上反三角形的字母羅列。畫這個字母羅列必須注意，最後一定以A為終點。這是由西伯來語及古埃及語傳來的，但是並不十分確定。

如果你要緩和對方的怒氣時，就可使用這個咒文。首先，將發怒的對方名字寫於白紙上。然後再將這個咒文覆寫於上。

對方的名字必須完全框於這個咒文的字母羅列中，千萬別超出來。寫完之後把它捲成圓筒狀，置於枕邊，每天晚上伴著自己睡覺。如此一來，即可緩和對方的怒氣。事成之後，就不用置於身邊，找一個禮拜六將紙分為五部分處理，然後丟入垃圾筒裡。

阿布拉卡達布拉

如果你想緩和對方的怒氣，可使用古時傳來的阿布拉卡達布拉的咒文。

於白紙上大大寫上對方的姓名，然後再將反三角形的咒文覆寫於上。寫好後捲成圓筒狀置於枕頭邊伴自己入睡。慢慢地，你將會看到效果。

對方名字必須完全在字母羅列的三角形地帶裡，絕不可超出。然後再將阿布拉達布拉咒文覆寫其上。

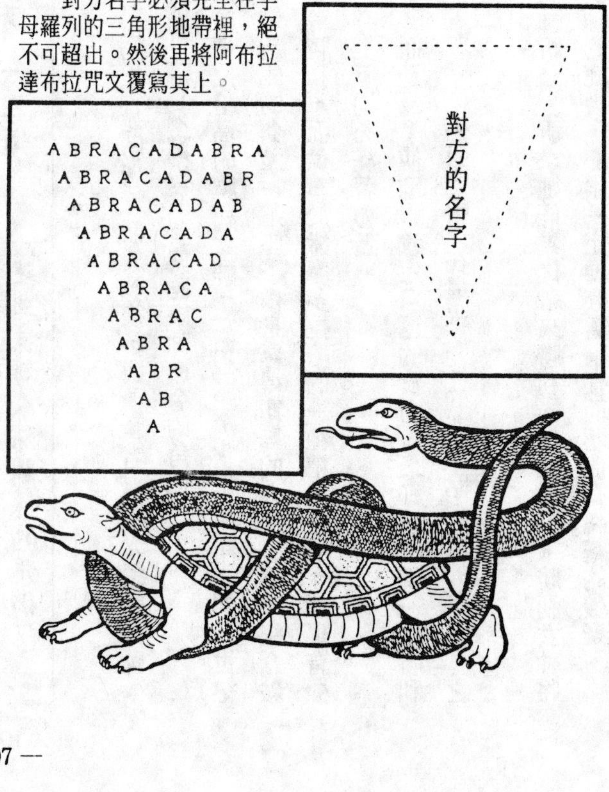
ABRACADABRA
ABRACADABR
ABRACADAB
ABRACADA
ABRACAD
ABRACA
ABRAC
ABRA
ABR
AB
A
對方的名字

建立良好人際關係的咒術7

使別人肯定自己的實力

勝利女神的勝利守護

所謂的NIKE，就是於戰場上，決定誰是勝者，而於戰後，賜予勝者無限光榮的女神。NIKE也是加快命運腳步的使者，擁有一雙羽翼扮演著傳達衆神命令的角色。

我們可能都會於美術館看見撒摩多拉給島的勝利女神（NIKE），它是於西元前二世紀時所創的，完全是依照希望特色所塑造成的典型。這座雕像是羅得斯島的人民，為了紀念敍利亞的安弟歐由斯三世於戰爭中贏得勝利，而供奉於撒摩多拉給的一種精神象徵。如果有機會目睹的話，你將會發現神像的全身上下均充滿著力量。

說到此，並非只是解釋美術史。而是為了使別人肯定自己的實力，最好先準備一張勝利女神NIKE的照片。從小冊子裡撕下的圖片也無所謂。在這張照片的背面貼上鳥的羽毛，之後像帶備忘錄一樣隨時帶在身邊。

有空時候，向著照片的勝利女神祈禱，祈求她能為你帶來勝利。如此一來，勝利女神將時常庇護你。如果你想受到勝利女神的庇護，心中一定要存著信任而不能有絲毫的懷疑。

勝利女神的勝利守護

如果你想讓自己的實力被肯定而成為衆所負託的對象，即可藉著勝利女神（NIKE）的力量，來達成目的。

首先，拿到勝利女神的照片，於照片背面貼上鳥的羽毛。之後把它當成守護神隨時攜於身邊，時常向著勝利女神祈禱：「勝利！來臨時！」

於勝利女神的照片背面，貼上羽毛，以孔雀羽毛最適宜。

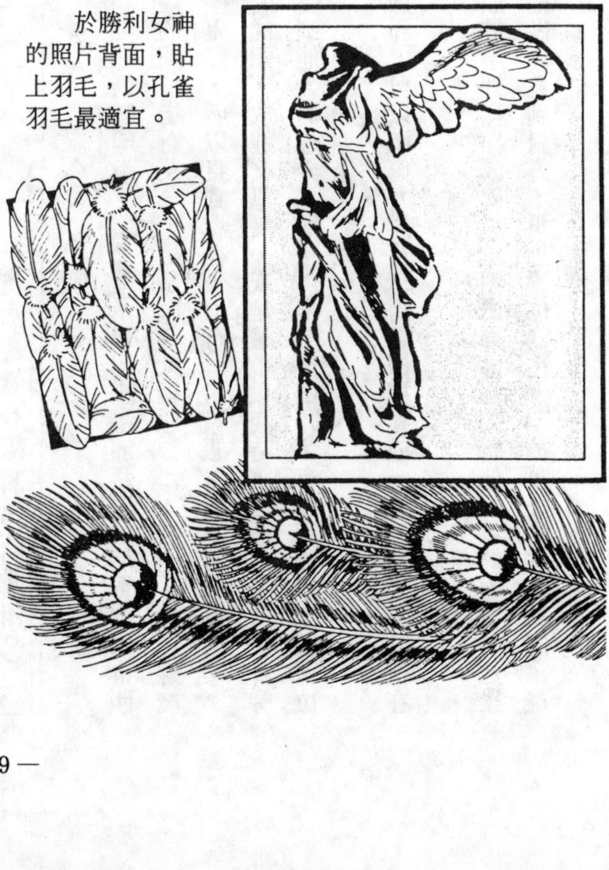

建立良好人際關係的咒術8

保護自己，避免別人的愚弄

封殺惡魔的艾草

艾草的葉十分地銳利。一直到現在仍有傳說，這種葉子是用來驅邪避魔強而有力的東西。聖誕節來臨時，可看見家家戶戶的門口掛有艾草，這是因為杜絕惡靈侵入家宅，而在惡魔的入口處，掛上此東西來驅除那些鬼怪，所以直到現在，仍有「封殺惡魔」的這種習俗。

有些國家裡，於小孩子所睡的枕頭下放進艾草葉，或是讓小孩隨時將這種葉子帶於身旁，如此一來，不論在何處將不會受到他人的愚弄。而且，十七世紀時，有位植物學家尼可拉斯，還獎勵吃這種植物的葉子。

為了保護自己，防止他人的愚弄，可以準備九片艾草用紅線捆扎成一束，然後隨時帶在身邊。

等到樹葉枯乾成茶色之後，放於手裡揉捏成碎片，朝愚弄你的人所住的方向吹去，然後再重新捆扎九片葉子。如此反覆地做，直到對方不再愚弄你為止。至於葉子吹去的時間，最好選於傍晚六點時。

封殺惡魔的艾草

如果你在學校或在公司，經常受到他人的愚弄，可以用艾草來保護自己。

準備九片這種植物的葉子，然後用紅線捆成一小束，隨時帶在身邊不離身。等到葉子枯乾成茶色，於傍晚六時，向對方所住的方向吹去，然後再重新捆扎九片葉子做一束新的。

準備九片的艾草，然後用紅線捆扎成束。等其枯黃後朝對方所住的方向吹去，再重新做一束新的。

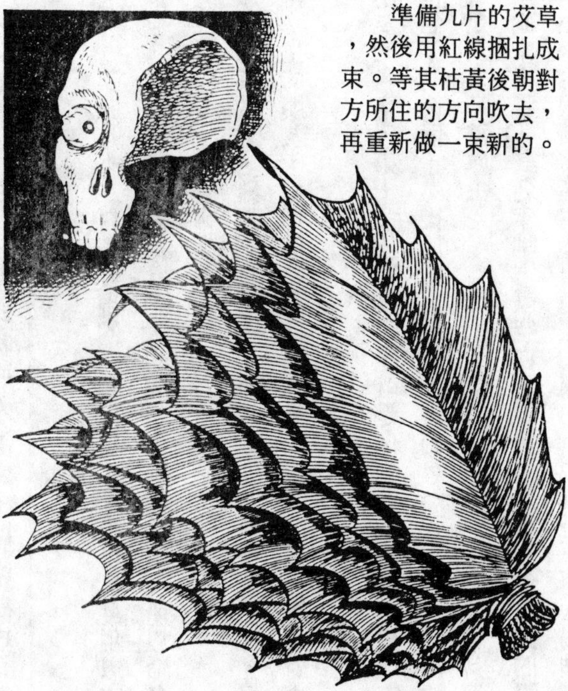

建立良好人際關係的咒術9

希望對方能成為你一生的朋友

天王星的秘咒

天王星是距今二百年前的一七八一年三月十三日所發現的一顆行星，天王星自發現以來，常被人類喻為「友愛之星」，而且，天王星於希臘神話中，也因是衆神的始祖，所以命名時採天神之名來命名。

只限於一年裡的三月十三日才發揮其效力，雖然不是這天不發揮效力，有些不合理，但是如果你有耐心等到這天即能獲得一生的朋友，相信你將不會捨棄的。更何況其作法連對小學生來說，都十分容易做到的。

首先，於紙上寫下你十二位朋友的名字，第十三位朋友，也就是你想與他成為一生朋友的這個人，將其名字寫於前十二位名字的後面，然後於紙上最後，畫個♅（天王星）的符號，再將紙摺成飛機朝高空射去。或是放入河流飄去。

如果第十三位朋友在你生命中尚未出現，其名字地方就空白不要塡，然後想像對方的眼睛描繪在上面。如此一來，這描繪出來的眼睛將產生不可思議的靈力，也就是藉著太陽神赫魯斯眼睛來做為護符，達成自己的目的。這於古埃及時十分盛行。

天王星的秘咒

如果你期望能得到一生的朋友，就別失去了這一年一度難得的機會。

在三月十三日這一天，於紙上寫上自己十二位朋友的名字，到了寫十三位朋友名字時，這位也就是你期盼與他成為一生朋友的人，寫完之後，在紙上的最後畫上天王星符號，將這張紙折成飛機朝大自然去射，或是放入河裡隨紙飄去。至於第十三位朋友的名字，也可畫個眼睛圖形來代替。

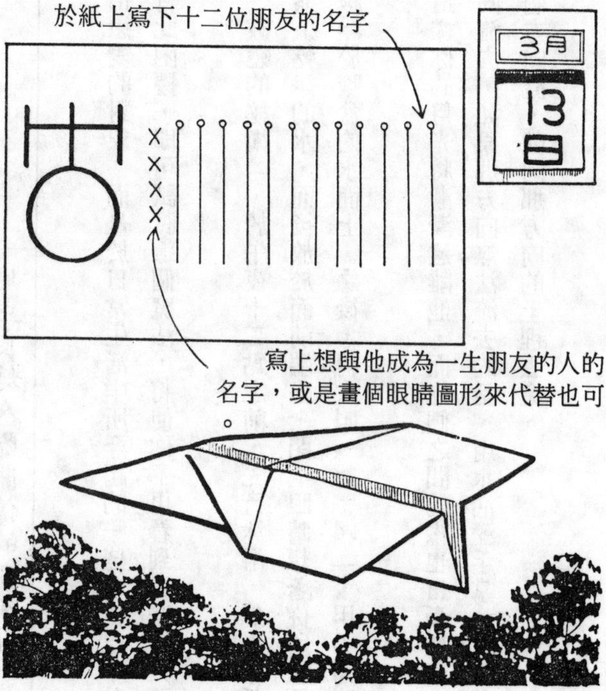
於紙上寫下十二位朋友的名字
3月
13日
寫上想與他成為一生朋友的人的名字，或是畫個眼睛圖形來代替也可。

破鏡的秘術

想與討厭的對象分開

建立良好人際關係的咒術10

說起討厭的傢伙，當然不是指戀愛的對象。而是於日常生活中所浮起的一些令自己十分厭惡的臉孔……。如果你目前正有此困擾，即可試試這個魔法，將使你不再看到這些令人不愉快的面孔。

這是中國仙術的一種，叫做「破鏡的秘術」，於午夜十二點之前，先行沐浴，然後平靜心情。等到十二點整時，於臉盆盛上乾淨的水，而後放於面前端坐，閉上眼睛想著你所厭惡對象的臉，再張開眼睛，讓那張臉浮於臉盆的水面上，之後，再大叫一聲「嘿」，用手刀砍向水面，劈開那張厭惡的臉。

連續七日反覆施行這魔法，這樣你的目光將漸漸遠離他，而你們之間的緣也日漸稀薄。使用過後的水，朝對方所住的方向流去，如果那方向無法流去的話，用水沾溼手掌，然後將手壓於紙上，此時看看水朝著那個方向流，就向那方向的土裡丟棄。

破鏡的秘術

如果你想中斷和對方之間的友誼時，可以試試由中國秘傳的破鏡之術。

沐浴後，於午夜十二點前在臉盆裡盛好乾淨的水，然後置於面前端坐，午夜十二點一到時，閉上眼睛開始集中精神想著對方的臉孔，然後張開眼睛，將對方的臉孔浮於水面上，伴隨著吆喝聲，用手刀砍向水面，劈開對方的臉。如此持續七天即可。

於午夜十二點整時才可施行此魔法。

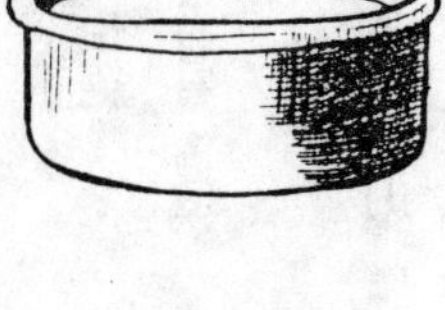

臉盆裡盛上乾淨的水，等到水鏡浮現對方的臉時，用手刀砍去即可。

紅指甲的咒法

能夠順利拒絕討厭對象的邀約
建立良好人際關係的咒術11

中世的魔女常常藉著留長指甲，來抵抗敵人保護自己。當然介紹這些主要是想告訴各位，紅指甲咒法的目的。

在一般工作上，可能會遇到你的上司，或是討厭的傢伙邀約你，而你不知如何拒絕……類似這方面的困擾，其實蠻多的。在此，介紹你一種拒絕對方邀約的方法，不妨試看看。這是在法國旅行時，一位魔法家告訴我的。至於其起源傳說，很抱歉已無據可考了。

將指甲稍微留長時，於左手手指塗上紅色的指甲油。然後再將指甲修剪成漂亮的三日月形。取其中剪下來的指甲五片，用白紙包好隨時帶在身邊，如此一來，將能保護自己，防止討厭傢伙的侵犯。

聽完這個方法後，最先浮於腦海裡的是中世時期，留著長而尖銳指甲的魔女。還有，當你在施行這魔法時，心裡要想著，拒絕對方的邀約……。如此一來，魔女即能發揮效力，杜絕對方的糾纏。

紅指甲的咒法　如果你想拒絕討厭傢伙的邀約，將指甲稍微留長時，塗上紅色指甲油，然後修剪為漂亮的三日月形，將剪下的指甲五片用白紙包好，隨時攜於身邊。

這是利用中世紀的魔女，藉著留著長而尖銳的指甲，來保護自己，抵抗敵人。但是，和對方對應或是對他採取攻擊態度時，要更加小心。

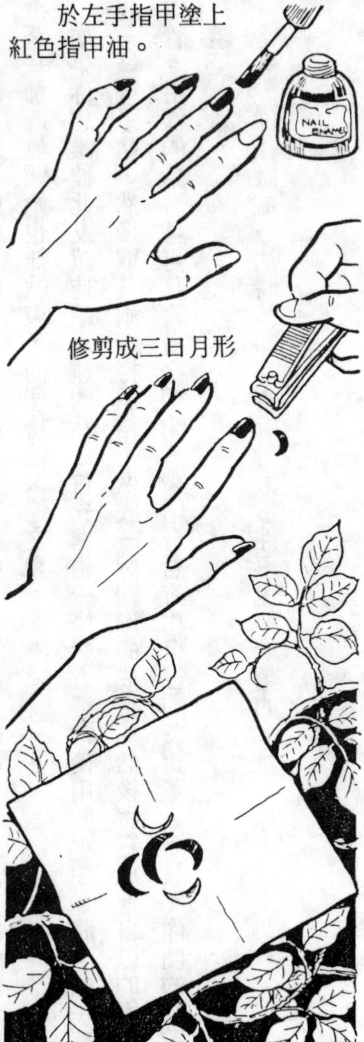

增長彼此之間的友情

建立良好人際關係的咒術12

具有魔法的戒指

在埃及的象形文字中，常常以「圓」的形狀，來表現永久或永遠之意。因此，常藉著圓形的戒指作為「永遠」的象徵，在此，可能牽涉到超自然的力量。

傳說在古代的社會裡，新郎用繩索捲成圓狀，做成一個具有「魔法的戒指」再套在新娘的身上。如此即證明新郎的靈魂已經完全給了新娘。再更原始的時候，對於「圓」的解釋，象徵著一種既無開始也無結束，而能持續永遠之意。

如果你想讓彼此友誼持續永遠的話，首先準備一條對方經常使用的手帕，將手帕一直旋轉成一條繩子狀，然後取其兩端打個結，做成一個圓形的戒指。然後將它放進自己的衣櫥好好保管。這樣的話，就可藉著這條手帕，來結合對方和自己的友誼了，而且，你們的友誼將可持續至永遠。

當然，你在做這方法時，即使告訴對方這件事也無所謂的。

具有魔法的戒指

如果你想和親近朋友之間的友誼，終生不變持續永遠的話，可以仿傚古埃及的習俗，取對方經常用的手帕，將它拉成繩子狀，然後打個結作成戒指的樣子。

這個戒指，放於衣櫥底部好好保管，如果對方也能和你一樣做這個方法的話，你們之間的友誼將如同圓一樣，持續永遠。

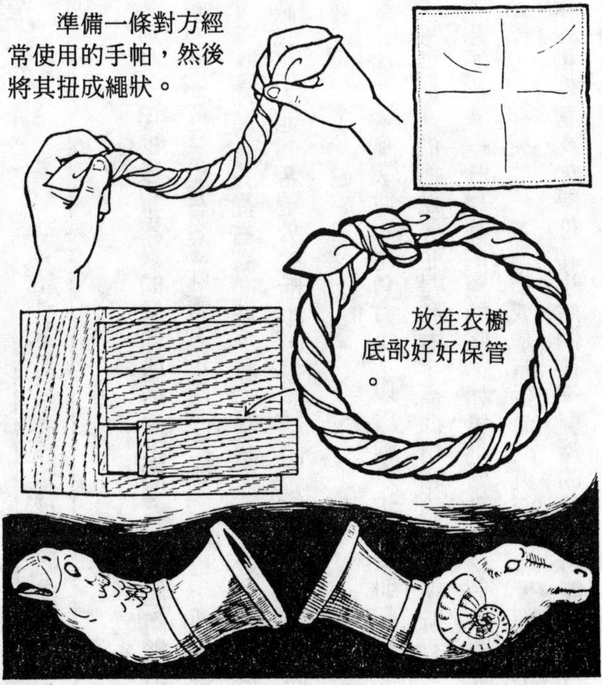
準備一條對方經常使用的手帕，然後將其扭成繩狀。
放在衣櫥底部好好保管。

化解姑、嫂間的糾紛

建立良好人際關係的咒術13

聖、善右手的魔法

右側住著善、左側住著惡——。這是一句根據羅馬人的信仰所衍生出的諺語，他們幾乎都確信在人體的右側都住有神。而英語的Right，也是意味著「正確」之意，這也和他們秉持的右側信仰，產生了極大的關係。像走路時，先從右腳開始；穿西裝時，先穿右手；當然，穿鞋時……這些於生活中已完全徹底化，他們希望於生活中，接受神的祝福，而能與神時時刻刻同在一起。

即使是東方思想，右側表陽，是正方；左側表陰，是負方——以這種方式來區別左右。

因此，以下所要介紹的化解姑、嫂間糾紛的魔法，也是和右手信仰相關的一種秘術。

背向你家的南方站著，看看你右手方向有些什麼樣的東西呢？如果是雜亂無章一片凌亂的話，你就動手整理整理，整理好之後，在那兒放一盆植物或是有生命的東西。然後等陽光出現時，做一個寫有小姑名字的人像，供奉著。如果你和小姑同住一屋簷的話，可能不適合這樣做，你可在每月初一的早上，準備和小姑歲數一樣的米粒數，面向南方，往右邊的窗戶的鳥兒撒去。當然，最好也別讓小姑看到比較好。

聖、善右手的魔法

如果你正因姑嫂之間的糾紛而困擾、著的話，可以背向你家南方，然後將右手方向地方整理整理，再置一盆植物或是有生命的東西，之後，再做一個寫上對方姓名的人像供奉著。

如果同住一屋簷下無法這樣做的話，可於每月初一的早上，準備和對方歲數一樣的米粒，丟向右邊的窗户給鳥兒吃。

背向家裡的南方，在右手方向，做個人像供奉。

棘的靈咒

發現未知的敵人

建立良好人際關係的咒術14

這是一個發生於蘇格蘭和丹麥交鋒相戰的一個故事。當時的情勢對蘇格蘭來說極為不利，急欲捕捉潛伏於城廓附近的敵兵，但是，要如何捕捉呢？有位士兵用鈞鐘草的棘刺向自己的腳而發出令人意想不到的叫聲。然後詢問已捕捉到的敵兵，不久，蘇格蘭查到了敵人藏匿的據點，而襲擊獲得了大勝利。因此，鈞鐘草成了救國之花，也被蘇格蘭奉為國花。從這個故事中我們知道棘發揮了令人不可思議的靈力。

如果你的周圍正藏匿著不可知的敵人，而你正想將他找出時，可使用棘的靈咒即能發揮如期的效果。

準備三株紅玫瑰，將它做成乾燥花，等到完全乾燥之後，從這三株裡面取出最大最硬的三個棘，然後再塗上紅色染料，隨時將它帶於身邊。如此一來，就能防止未知敵人的攻擊。如果你是女孩子的話，紅色染料可用紅指甲油來代替。如果你正為惡意謠言所中傷，可在新月的晚上，將這塗好顏色的三個棘，朝著家南方的地面埋掉。

棘的靈咒

如果你想防止未知敵人的攻擊，可照蘇格蘭的傳說，藉著棘的靈力來達成你的目的。

準備三株紅玫瑰將它做成乾燥花，取其中三個最大最尖的三個棘，將它染上紅顏色的染料之後，隨時帶於身上寸步不離。如果有什麼惡人向你靠近時，可藉棘的靈力來嚇退敵人。

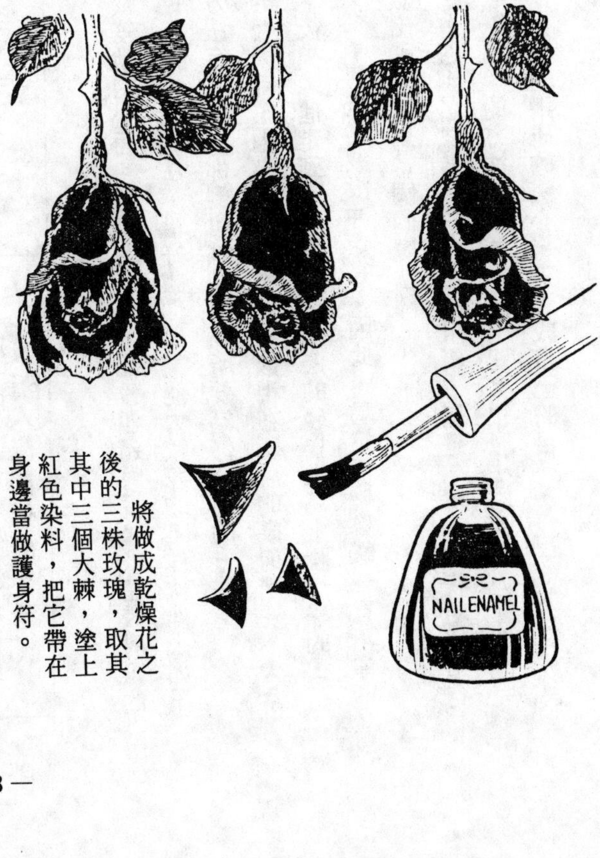

將做成乾燥花之後的三株玫瑰，取其其中三個大棘，塗上紅色染料，把它帶在身邊當做護身符。

烏拉吉秘魯的教訓

和能力較差的工作伙伴能配合順利

建立良好人際關係的咒術15

無論是誰，都有較拿手或是較差勁的一面。也無論是誰，都曾遇過較投緣或是較討厭的對象。但這並不是我們所能控制的，萬一沒辦法，恰好讓你碰上能力較差的工作伙伴，如果你希望和對方能配合順利，雖然方法有許多，你倒可試試現在所要為你介紹的方法。

以前，有位叫做烏拉吉秘魯的咒術師，因為對圖形學（類似現在所說的幾何學）不太拿手，一直無法畫出滿意的魔法陣。後來，他走到了河邊，在河邊的砂丘上寫上圖形學的式子——。他想，如果能解開一個式子就讓河流的波浪沖走它。因此，烏拉吉秘魯就一直不停地在砂丘上寫著，最後，終於讓他做出神聖羅馬帝國的魔法陣。

在達成目標的過程中，免不了會遇到各式各樣的艱難和阻礙，但是，這一切我們都須克服它，因此，為你介紹一種「砂之筆記」的方法，這並非使用咒文和魔法的神奇力量即能完成目標。而是學習咒術師鍥而不捨、努力鑽研的決心，來達成自己的目標。我想，在完成許多事的過程中，努力才是最重要的。

烏拉吉秘魯的教訓

如果你在惱於和能力較差的工作伙伴不能配合順利時，可以學學咒術師烏拉吉秘魯的方法。

烏拉吉秘魯這位咒術家，和自己較不拿手的圖形學挑戰，而在河邊的砂丘上，努力鑽研而作出了魔法陣，因而一舉成名。

你也可學學他這種「砂之筆記」的方法，別忘了要不斷努力才會有所收穫。

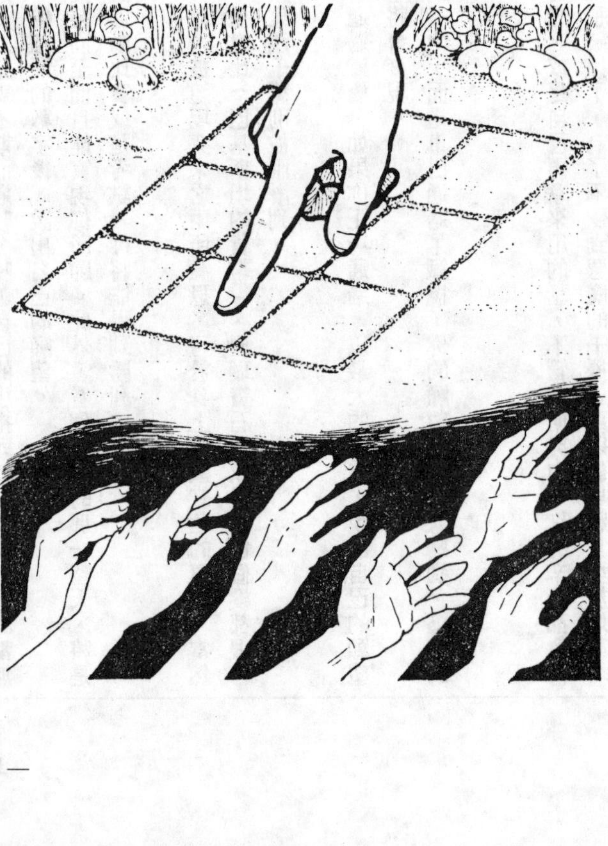

馬上即能實現的魔法②

●看見靈車時

如果你走在街上正和送葬的靈車不期而遇時，咬著自己的小指頭（左手或右手的都無所謂），嘴裡數到和自己年齡相同的數字後，說出自己的願望。

這樣的話，你將幸運接踵而至而且能實現你所願。此外，看到靈車的那一整天，將是你最幸運的日子。若有什麼運動比賽或是考試，你將能得到勝利。

●出門時突然下起雨來

為了不讓自己出門的興致，被這場突來之雨所澆息，可於身上配戴紅色的東西，當然，配在身上任何地方均可。像盧比（巴基斯坦的貨幣）、珊瑚寶石，或是紅色假髮都很合適。但請注意，配戴的這些東西千萬別被雨淋到。

●電車通過鐵橋時

我們坐電車時，偶爾會通過鐵橋，如果你正巧通過，以最大的聲音，說出自己的願望。在不久的將來，你的願望將會實現。

但是，如果你願望說到一半，而電車已通過了鐵橋，你的願望已被他人聽到，這樣的話，就沒有什麼效果了。

●鏡子裂開時

如果破裂的鏡子照到日光，或是自己再拿來用的話，不管如何努力，你的辛苦都會付之一炬。因此，若不小心鏡子破掉了，為了不受到惡魔的干擾，可以儘早將它埋於地下。

如果找不到埋掉的適合地方，可用黑布將其包好，再丟入垃圾筒即可。

實踐法Ⅲ

能夠如願以償的咒術

打敗龍王的護符

保護自己，防止惡運、災禍

能夠如願以償的咒術1

在非洲的許多原始居民認為，惡運或疾病乃是「惡魔所致」，直到了現在，仍有有關這方面的消災除厄，而接下來所要介紹的這個魔法，也是源於此傳承。

做這魔法時，盡可能選擇一個安靜的夜晚，一個人在屋裡，首先，先做一個護符，記得做護符時，什麼話都不要說。

然後於紅皮或紅紙上用黑麥克筆畫一個如左圖所示之圖形。這個圖是描繪一位軍神擊敗引起災禍的龍王，最好描繪時能按照原圖畫漂亮一點，畫好之後，將這護符隨時帶於身邊，萬一遇到什麼災禍時，將護符取出貼於心臟之處，誠心祈求所有災厄能逢凶化吉。

還有，剛將護符置於身邊時，可能會有意想不到的不可思議之事發生。例如，常常於街角販賣東西給來冥府宮旅遊的遊客的兩位小販，雖經常碰到，突然之間你會有某種奇怪感覺，他們好像是你才剛第一次看到的人……。

帶了這個以後，因為沒有壞事的預兆，所以也不會有耽心的事懸掛著。

打敗龍王的護符

如果你因疾病或不順利的事發生而引起不安的話，就可以選擇一個寂靜無聲的夜晚，做這個消災除厄的護符。

首先，於紅皮或紅紙上，描繪軍神打敗龍王之圖，然後將圖的四角往內側摺成三角形，摺好之後再對摺，這個護符即完成，然後隨身帶於身邊。萬一遭遇什麼不好之事，將此護符貼於心臟，祈求一切無事，一切災厄能逢凶化吉。

於紅皮或紅紙上，用黑麥克筆描繪軍神擊敗引起災厄的龍王的圖形。

將圖的四角向內側摺起

然後再對摺

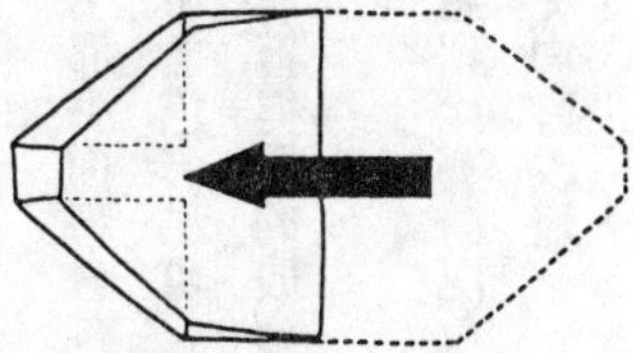

在運動競技中能取得勝利

能如願以償的咒術2

骰子的勝咒

對於世界上許多運動選手來說，特別敏感賽前徵兆的發生。像美國的棒球球王貝甫魯絲，就是其中的一個。此外，英國東部的某個州，有位棒球選手於比賽前拾到一粒鈕釦，於當天比賽時，因而獲得十分好的成績，像有些傳說，若比賽之前看到了黑貓，你將能於當天的比賽贏得大勝利。但是，這些都是因為偶然才產生的「勝利」徵兆，以下，為你介紹幾個能達成勝利的方法。

首先，是關於足球選手，比賽前穿球鞋時從左腳先穿，那麼你將會有好事來臨；或是觸摸一下球門。對於所有運動競技的選手來說，紅色代表生命之色，也可說是勝利的顏色，因此，比賽時身上的某個部分能裝戴紅顏色的球裝，那麼將能獲得好的成績。早上比賽前可以聽聽精神振奮的曲子，切記勿聽暴躁不安的曲子。

此外，也可準備三顆骰子，放進小口袋裡隨時帶著，遇到比賽情況危急的時候，可以摸摸口袋裡的三顆骰子，那麼下一回合重新開賽時，一切情況均會改變。

骰子的勝咒

如果你希望能在運動的比賽中，贏得勝利，可於賽前準備三個骰子放入小口袋裡。

當比賽情況對你十分不利時，可以摸摸口袋裡的三顆骰子，下一回合再次開賽前，你將能扭轉局勢，讓勝利女神向你微笑。

此外，在足球比賽的場合，穿球鞋時先從左腳開始，那麼，你將會在比賽中有好的成績出現。

將三顆骰子放進小口袋裡，或藏於香包裡，然後掛在脖子上。當比賽情況不利時，摸摸那三顆骰子，勝利女神將會和你招手。

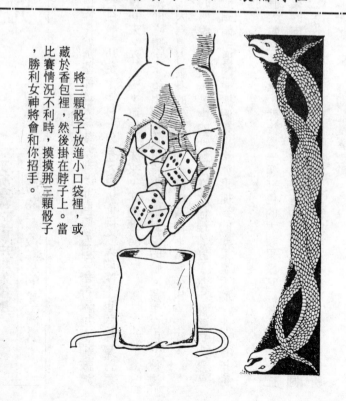

波嬷娜的願咒

在所有的比賽中均能獲勝

能夠如願以償的咒術 3

古代日耳曼 Celte 族的僧侶，於萬聖節這天行使祭典，並同時於這天舉行羅馬女神波嬷娜的祭祀。而 Celte 族所用的日曆，乃定十一月一日為元旦，而前一天的晚上也同樣舉行祭典，所有這年死去的人都將會回來，在這天，可預卜未來一年的運勢。

萬聖節這天，如果站在鐘前吃蘋果，鏡中將會映出將來結婚對象的臉。蘋果自古就被視為吃了能夠長生不老的聖果，因為具有護身的作用，許多魔法或占卜常常使用到蘋果。

直到現在，仍有關蘋果的傳說留下來，其中的一個是在水桶裡裝好了水，然後放入幾個蘋果，像小孩子玩遊戲一樣把頭偏一邊隨便抓個蘋果。如果抓到的蘋果是大的，表示今年你將會有好運。

於比賽前一天，準備一個大臉盆裝滿水，然後置一個紅色的大蘋果讓它浮於水面上。記得比賽當天起個大早，將蘋果的皮削去，記得削時皮猶如沒有中斷般，儘量將蘋果削得圓圓漂亮，然後再將削好的蘋果吃掉。至於皮，可作成蘋果茶，可像喝早茶一樣喝下去，然後祈求波嬷娜女神能帶給你勝利，如此一來，你即能沈著應戰。

波嬤娜的願咒

你期望能於競技或比賽中獲得勝利，那麼你可借助女神波嬤娜的幫助來達成所願。

競技的前一天於水盆裡裝滿水，然後置一粒紅色大蘋果浮於水面上。第二天早上，削去蘋果的皮，將果肉吃掉，其皮可加些紅茶來飲用。

如此一來，女神波嬤娜將會讓你沈著應戰，帶給你勝利。

於水盆裡裝滿了水，置一粒紅色大蘋果使其浮於水面上。

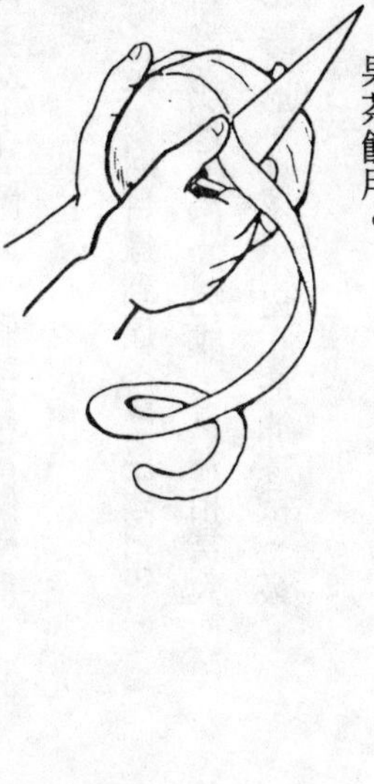

皮沒有中斷地，削去蘋果的皮。削好之後，將蘋果吃掉，其皮拿來做蘋果茶飲用。

使其成功的護符

讓新的企劃案能夠成功
能夠如願以償的咒術4

如果你想讓對方肯定自己的企劃案，可以為你介紹這個「使其成功的護符」的魔法。這個魔法是從「黑咒術之書」即「Book of Block Magic」這本古書截錄而來的，當然以內容來說，還是關於白咒術。

如同一般的護符，不是用金就是用銀來做，然後於其上塗上油置放一個禮拜當做聖別（即清潔）之用，然後再戴於身上，就能發揮良好的效果。

現在所要為你介紹的護符，就是具有將事物導向成功之路，向目標到達（ACHIEVE-MENT OF GOALS）的作用，特別是有關「新企劃」的制定或是工作的完成，具有相當大的效力。於金屬版、鞣皮或布上，刻上或繪上如左圖所示之圖形，然後用白布沾油擦拭（最好將油倒在白布的四個角）。擦好之後，點上蠟燭許願。

這時，可將此護符置於火上烤一烤。如此作法持續一週，再隨時帶於身上，或是縫在上衣裡面的口袋。由於這個護符被人瞧見，將效果盡失，所以希望在縫時要特別留心。

使其成功的護符

如果你正有新企劃案要開始，而希望能成功的話，可於金屬板、鞣皮或是布上，刻上成功的護符。

刻好之後，再用油擦拭清潔，點燃白色蠟燭，再將護符置於燭火上烤一烤，然後誠心祈禱。

這個護符，將它縫於上衣裡面的口袋，它將能為你產生無比的力量。

「達成目標」的護符。其作法就是於金屬版、鞣皮，或布上，將圖形刻上或繪上。

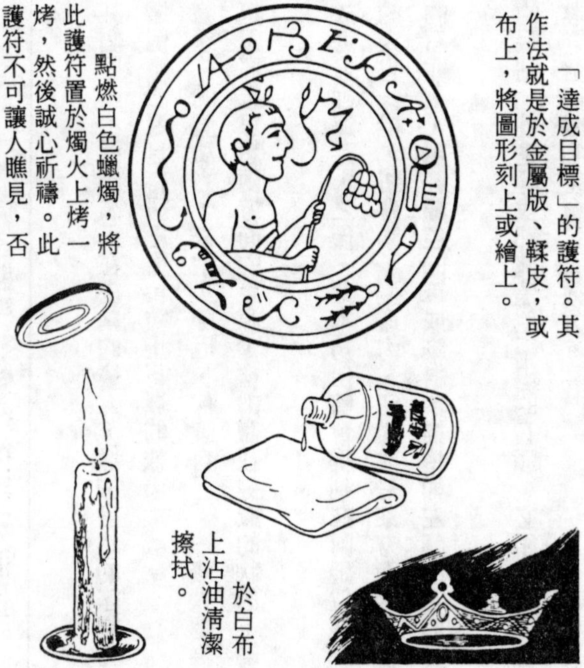

於白布上沾油清潔擦拭。

點燃白色蠟燭，將此護符置於燭火上烤一烤，然後誠心祈禱。此護符不可讓人瞧見，否則效果盡失，最好用心保管。

疾病能早日痊癒

能夠如願以償的咒術5

心臟的守護符

一言以蔽之，就是生病已到了某個程度，而能讓正在療養的病人，增加自然的痊癒力，而比預定時間還要早出院。此外，這個魔法還具有病癒後，防止再發的效果。

這個魔法，乃根據古埃及的心臟護符的魔法力，來消災除厄，保護自己。一般人認為，心臟是生命所寄之處，也是為善思想與邪惡思想兩方面的泉源，當肉體在健康的狀態下時，艮心才能真正顯現出來。

製作木乃伊的時候，必須將肺放進壺裡保存，之後，此木乃伊將會受到茲阿姆拉扶神的守護。因此，這個擁有心臟守護符的人也一樣，將會賜予生命力、活力或是某方面的利益。

至於做這個護符，於黑色平坦的石頭上，用紅顏色的筆或染料，描繪如左圖所示的護符標記，做好之後，置於枕頭下即可。

這個方法雖簡單，但有某方面的限制，就是尋找那塊黑色平坦的石頭，必須限於你四親以內的親友或是你的配偶，希望能遵守這個限制才會具有效力。

心臟的守護符

如果你正生病療養中，可以根據古埃及所傳來的心臟護符之力，以早日康復。可讓親友或是配偶找出黑色平坦的石頭，用紅色畫出壺的圖形，畫好之後，放入病床的枕頭下。擁有這個護符的人，將產生無比的生命力、活力或是被賜予某方面的利益。

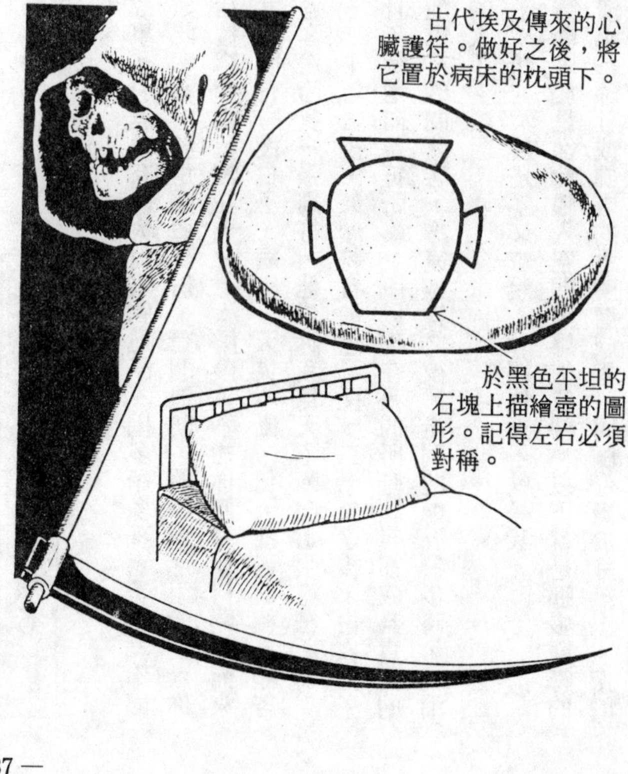
古代埃及傳來的心
臟護符。做好之後，將
它置於病床的枕頭下。
於黑色平坦的
石塊上描繪壺的圖
形。記得左右必須
對稱。

劉進平的靈符

期望有好的前程，富裕的生活……
能夠如願以償的咒術6

這是一個發生於漢朝時代的故事。引農縣有位大財主劉進平，因多子多孫過著極為幸福快樂的日子。當時的孝文帝見其如此幸福，於是隱藏身份，登門造訪，他問劉進平說：「你們家出這麼多賢能的子孫，且生活豐裕幸福，實在十分令人稱羨，不知你們是如何開創而來的。」於是他就回答孝文帝說：「以前有一段日子，病害、天災不斷，每天都過著極為艱苦的生活，恰好，當時有位問路的過客送給我一張靈符，他告訴我每天不斷向這張靈符祈禱，持續十年之後，你將會擁有財富，二十年之後，榮顯將會加惠子孫，三十年之後，白衣天子會造訪。一直到現在，我仍誠心且不斷地向靈符祈禱，所以現在我的所有願望都成為真實的。」他告訴孝文帝：「那位送給他靈符的問路客，送完靈符之後，走到門前五〇步時，就消失不見了，從此就再也沒見過他的人了。」

「但是，直到現在仍沒有天子來訪。」於是孝文帝說：「那位天子就是我。」一說完，劉進平驚訝靈符的靈驗，於是從此頓入空門，歸依我佛。以下就是那張靈符的圖形。將紅色和紙對半割開，用清水（神社或佛寺的水）磨成墨，將圖形畫於紅紙上。畫的時間最好選在清晨二點或六點。乾了之後再放入護身袋，隨時帶於身邊。

劉進平的靈符

如果你希望閤家平安，且財富、榮顯加惠其身的話，可以試試這個中國漢朝時代所傳下來的劉進平靈符。

選於深夜二點或清晨六點，將紅色對半割開，用清水磨成的墨於紅紙上寫下願望的靈符。

寫好之後，將這靈符放於護身袋，隨時帶於身邊，好好保管著。

這是能加惠於人的一種靈符（鎮宅七十二靈符）。於深夜二時或是清晨六時，將紅紙對半切開，用清水磨成的墨將護符圖形畫於紙上。

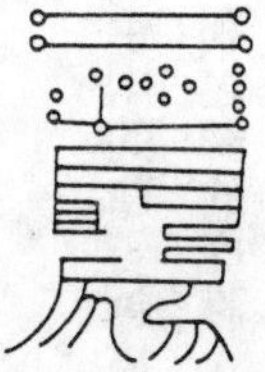

能成功、擁有良好前程的護符。

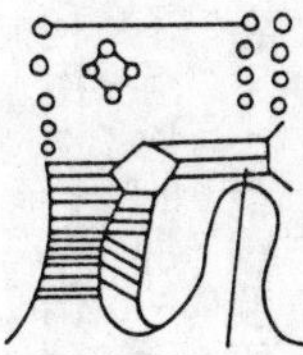

招來財運的靈符。

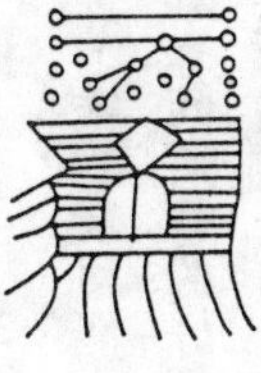

化解兄弟鬩牆的護符。

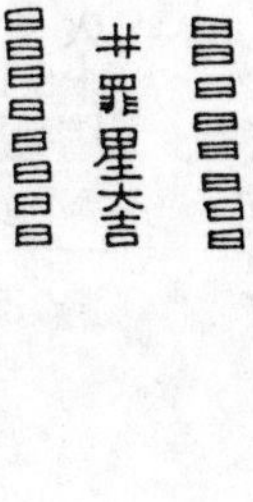

避免盜賊、旅行平安的護符。

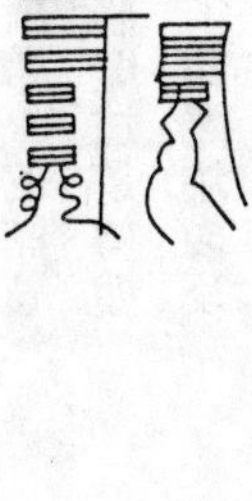

通過就職或資格考試的護符。

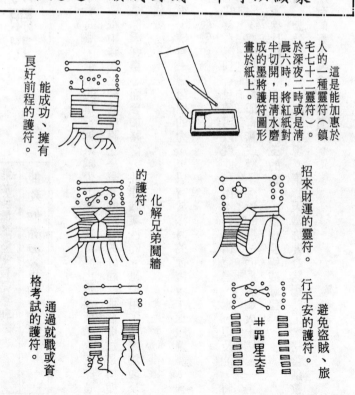

魯比阿丹的願咒

能於賭博遊戲中獲得勝利

能夠如願以償的咒術7

賭博遊戲中，若情勢逐漸高漲，手中的賭資越來越少，輸的錢可能已超過所帶來的賭資的話，這時，你可借助賭博遊戲中勝利之神的庇護，一舉奪回所有的好運。這個魔法是傳授給經常賭博的職業賭徒。若是你因好奇心而參加賭博，並非職業性的，恐怕用了此魔法後反而會大敗。切記，別亂用這個魔法。

魯比阿丹是惡魔中的將軍，擁有十分可怕的力量，只有於滿月的夜裡，才比較溫馴。魯比阿丹喜好強壯有力的事物，像鷲和獅子。

鷲和獅子在外國硬幣上常常看得到。我們可以就此利用。再準備肥皂、水，以及油，將硬幣擦拭得亮晶晶，於滿月的夜裡，將硬幣即有鷲或獅子圖形的那一面放於燭火上烤，一邊烤一邊唸著「**勇敢黑暗的將軍魯比阿丹！在所羅門王的名下，請讓我達成願望**」。

之後，當蠟燭燒到只剩一公分的時候，將它吹熄。第二天當你要赴賭場時，攜帶著這枚蠟燭烘過的硬幣，那麼，所有的好運將會圍繞著你。

魯比阿丹的願咒

如果你希望能在賭博中贏得勝利的話，可於滿月的夜裡，借助惡魔將軍魯比阿丹之力來達成目的。那一夜，先用肥皂、水和油，擦拭印有鷲和獅子的硬幣。擦拭完畢後，將硬幣上印有圖形的那一面，置於燭火上烤一烤，一邊烤一邊唸著「勇敢黑暗的將軍魯比阿丹！在所羅門王的名下，請讓我達成願望」，當蠟燭燃燒到只剩一公分的時候，將其吹熄，然後把這枚硬幣帶在身上當作護身符。

準備一枚印有鷲或獅子的硬幣，用肥皂、水和油來擦拭。

於滿月的夜晚，將硬幣置於紅色蠟燭的燭火上烤，當蠟燭燒至只剩一公分時，將其吹熄。赴賭場時，攜帶這枚硬幣，你將會有意外的收穫。

能夠如願以償的咒術8

能夠常保健康

健康的護符

說到健康——不論男女老幼、不論古往今來，都是每個人永遠不變的希望。如果你是個身體孱弱之人，定能深刻體會出健康之重要，如果能讓你成為身強體壯的人，想必會盡自己全力去達成此願。在許多東方的佛教經典中，常出現身體健全、息災延命、無病息災……等這種四個字的祈禱文，相信這些對你來說，也是耳熟能詳的字眼。

你聽過這個健康護符的魔法嗎？這個護符是埃及女神伊茲斯，發現了藏著夫婿屍體的木幹上，有四條橫木，這四條橫木顯示四種基本象徵，這以後，也成了埃及人的重要記號。希臘有位哲學家提倡自然萬物乃由四種元素所構成、即火、地、風、水四元素。須合成這四元素，才能完成一個個體。也可以說這四元素是所有宇宙萬物健康的魂魄與肉體所寄宿之處，它們代表一種「完全」的象徵。

如果你期望自己能擁有強健的身體，可用小刀於木片上刻著健康護符的圖形，刻好之後，將此護符隨時帶在身邊。或者可於每月初一、十五，家裡東、西、南、北四個方位，各放置一個盛有鹽巴的小盤子，那麼效果將會更佳。

健康的護符

如果你認為健康是你最大的願望，可作一個代表自然界四大元素火、地、風、水的護符，作好之後，隨時帶於身邊，若每月初一或十五，家裡東、西、南、北四個方向，各放置一個盛有鹽巴的小碟子，那麼，效果將會更好。

這個刻於木片的護符，將對你的健康，增加無比的力量。

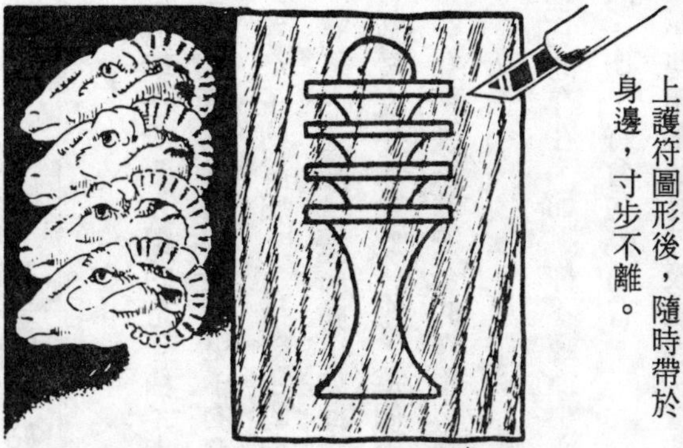

代表自然界四種元素的健康護符。於木片上刻上護符圖形後，隨時帶於身邊，寸步不離。

每月的初一、十五，家裡東、西、南、北四個角落，各放置一個盛有鹽巴的小碟子，更增添驅邪避魔效果。

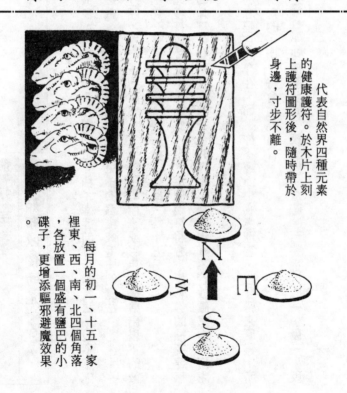

幸運的前腳

能有好的中籤運

能夠如願以償的咒術9

期望有好的中籤運方法很多，但現在所要介紹的是一種「幸運前腳」的魔法。說不定你正參加一個極難得手的中籤遊戲，但你可試試這個使用兎子的鞣皮或毛皮的魔法。

選擇一個月的第三個禮拜四，在兎子的鞣皮上，用綠色的鋼筆或彩色筆描繪出以下的徽章圖形，之後，再置於燭火上烤一烤，一邊烤一邊祈禱，如此大約十五分鐘。

當你買進彩券時，可將此護符放於左手，如此一來，這個護符將會干擾彩券的抽獎運氣。此外，這個「幸運前腳」的護符，有保護家庭安全的作用，將其包好不管放置家中的何處，都具有驅邪避魔的效果。

但是，當你中籤後千萬別忘記它的存在，如果你不謹慎小心處理它，恐會帶來厄難，所以別太粗心大意，否則，你所有的一切，將會化為烏有。

若是過了幾年，要處理它的話，可用紙包好然後燒掉。這時，可將香折成一小段一小段，投入火中一起燃燒。

幸運的前腳

如果你希望在買彩券時有好的中籤運時，可信賴這個幸運的前腳魔法，來助你一臂之力。

於一個月的第三個星期四，在兔子的鞣皮上，用綠色的筆描繪「帶來幸運之徽章」的圖形。做好之後，放於燭火上一邊烤，一邊祈禱說出心中的願望。

這個幸運的前腳，將會干擾中籤的運氣，讓你如願以償。

〈幸運前腳〉的徽章

於一個月的第三個星期四，在兔子的鞣皮上或毛皮的背面，用綠色的筆描繪徽章的圖形，畫好之後，置於燭火上一邊烤，一邊許願祈禱。切記，事情完了要妥善保管，否則，將會帶來災厄。

能夠如願以償的咒術10

可以知曉對方離家出走的下落

停下腳步的符咒

這是一個用於家人離家出走，不知其下落為何，或是用於讓他停下腳步，不再四處流浪的咒法。

首先，準備一張沒有使用過的白紙，其上寫著：

「**離家出走的人，停下腳步，回來吧！別再四處流浪了。**」

其次，再將離家出走的人姓名寫於酒杯中央，用先前寫好咒文的白紙將其包好，再用五根針固定。然後再將酒杯置放佛壇或神壇上，不久將來，你將可知悉對方的落腳處。如果你想更進一步，讓對方回到你身邊，馬上將針、酒杯、符咒丟進大河，讓它流去，如此一來，對方就會回到你身邊了。

如果自宅沒有佛壇或神壇的擺設，可將符咒置於自宅東方僧侶修行佛法之處。雖為僧侶修行之處，但為了不讓妖魔鬼怪侵入，可以作一些記號來防止。用白繩和針黏合固定，做成柱和柱之間的關係。

停下腳步的符咒

如果你想知曉離家出走家人的下落，可於一張從未使用過的白紙上寫著「離家出走的人，停下腳步，回來吧！別再四處流浪了。」寫好之後，再將離家出走的人姓名寫於酒杯中央，用剛寫好咒文的白紙把它包好，取五根針，固定於上。然後把這個酒杯置放於佛壇或神壇上，不久以後，你將會知悉離家出走的人的下落。

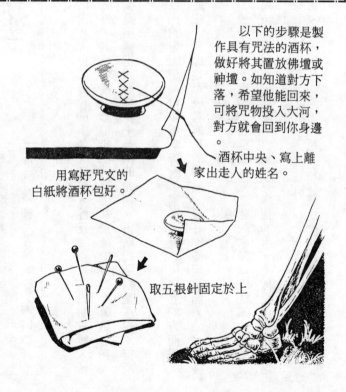

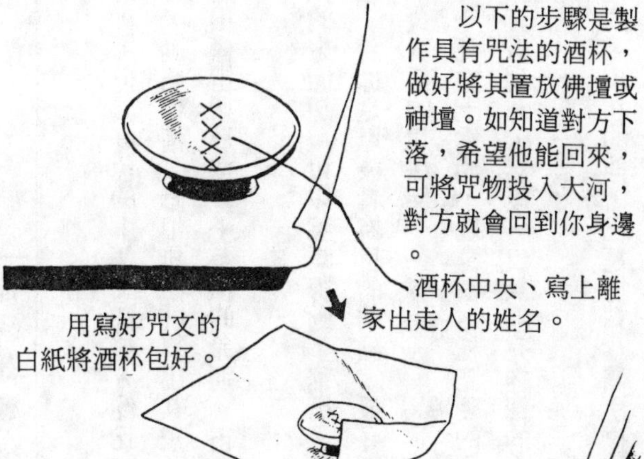

以下的步驟是製作具有咒法的酒杯，做好將其置放佛壇或神壇。如知道對方下落，希望他能回來，可將咒物投入大河，對方就會回到你身邊。

宙斯的繁榮秘法

能夠如願以償的咒術11

能夠加強性慾

宙斯乃萬神之主。雖為全能之神，但其好色的本領，卻無人能比。宙斯常為尋求愛人，上天、下海去搜尋，也因風流成性，到處留情，恐怕無法計算出其子孫的多少。雖然這在人類倫理中被限制，但我們可以製造出像宙斯那樣多子多孫的命運。宙斯的聖樹是樫樹，宙斯的聖獸是鷲，宙斯的象徵是雷。

如果你希望能加強性慾，往正的方面想，可以不斷勞動，繁衍子孫；但往邪的方面想，可能會導致風流，外遇之事的產生。若你是以後者為目的的話，最好別使用這個方法。若要使用，必須剔除你在腦海中這種不負責任的想法。

星期五的早上，沐浴過後，於全身塗上香油，以樫樹這種堅硬的木頭當作枕頭、臉朝著天空橫躺於地。數著天空的飛鳥一直數到九，然後一口氣喝完杯裡的水。這樣反覆不斷，每週星期五早上做，你就能達成所願。

這是一個認識的意大利人傳授的，現在的他，已是擁有八個小孩的強者了。

宙斯的繁榮秘法

如果你身強體壯而希望能夠多子多孫的話，可以借助好色的全能之神—宙斯之力，來達成希望。

於星期五的早上，沐浴之後塗上香油，以樫樹為枕頭，朝著天空橫躺著。數著飛過去的鳥兒，數到第九隻的時候，將杯裡的水喝掉。

像這樣的方式，持續不斷於每週的星期五早上做。

用樫木那麼硬的木頭作枕頭，臉朝著天空，橫躺於地。

數著飛過的鳥兒數到第九隻時，將杯裡的水全部喝掉。

能找回失物

能夠如願以償的咒術12

找回失物的護符

這是一個可以替你找回失物的護符。如果你本身工作過於繁忙，根本無多餘時間來尋找的話，可以借助這個靈符的力量來試看看。

於黃色的紙上用綠色的鋼筆或是彩色筆，仔細地描繪此徽章的圖形，然後放於門廊上。置放一週裡，記得用茉莉花做成的香來焚燒祈禱，之後，再帶於身邊，如此一來，將可尋獲失掉的東西。

由於這個護符具有發現寶物（DISCOVER TREASURES）的效果，因此，照字面來解釋，一些隱藏不易見的寶藏也可被尋獲。也就是說，可以讓你遇到意想不到的收穫。

這個護符是結合許許多多的正邪教派而來的，像猶太教、古埃及密教，古希臘文化……等。因為在中東地方，有段時間正逢正邪各教的入侵，十分地混亂，而因此，導出了許許多多複雜的派系。

找回失物的護符

如果你丟掉東西，無法撥空去找，可以使用這個找回失去的護符替你尋回丟掉的東西。

於黃色的紙上，用綠色的筆描繪徽章圖形，然後再置於門廊上。連續一個禮拜用茉莉花製成的香來焚燒祈禱，再隨時帶於身邊。如此一來，丟掉的東西或意想不到的寶藏將會被你尋獲。

（寶物發現）的徽章

於黃色紙上，用綠色的筆來描繪此徽章，畫好之後，置於門廊上。連續一週用茉莉花製成的香來燃燒祈禱。

化身娃娃的願咒

能漸漸貯蓄金錢

能夠如願以償的咒術13

人類的誕生是由一位人頭蛇身的女媧女神所創造出來的，這是一段源自中國古老傳說的神話。這位女神最先開始是用黃色的土以手來捏造人類。但由於這是十分浩大的工程，有時女媧女神將泥塊穿過繩子吊掛著，當泥塊灑落於地時，女神再將其拾起做成人類。因為有這兩種不同方式的做法，人類才會有貧富與貴賤之分。用手做成的人類，身份地位高，擁有享用不盡的財富；用掉落的泥塊做成的人類，既無身份也無風采，當然淪落為貧賤之人。

這個魔法是用粘土做成一個自己的化身，將自己的願望寄託給這個化身娃娃。做得好或不好都無所謂，只要用心做即可。

最好選於每月的初一時做，做好之後，放於向陽之處約一個鐘頭，讓它曬乾。然後再拿一張紙幣置於其下，用手在化身娃娃的頭上摸三次。

這樣反覆不停地做，就能喚回財運，而能在不知不覺當中，儲蓄金錢。對於過份浪費的你來說，是一個十分有價值的方法。

化身娃娃的願咒

如果你浪費成僻，不懂開源節流，計劃，金錢的話，可用粘土做成一個化身娃娃，藉著他替你達成希望。

找一個月初之日娃，用粘土做好化身娃，再置於向陽之處等它乾了，將化身娃娃放於紙幣的上面，然後朝著娃娃的頭摸三次。

這樣反覆不停地做，不久的將來，你的財運會蜂擁而至。

用粘土做成一個化身娃娃，朝向陽之處置放一段時間，等它完全乾了。

將化身娃娃置於紙幣上，然後摸其頭三次。

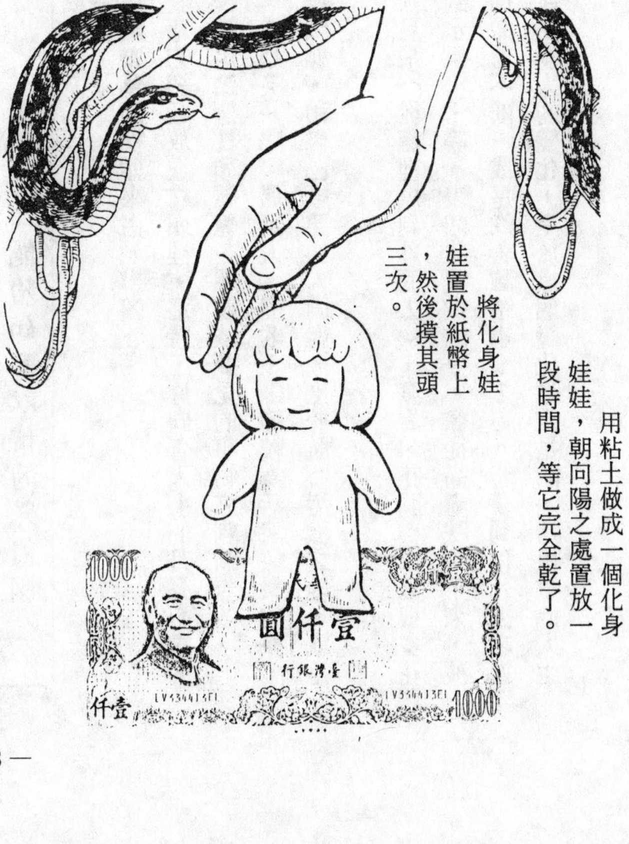

能夠如願以償的咒術14

能占卜吉凶的咒術

薰衣草的枕頭

如果你不知願望可否達成，可用薰衣草的枕頭來占卜吉凶。

等待一個上弦月的夜晚，將薰衣草的綢緞放進枕頭裡，這時，你向著天上的月亮祈求，能賜給你一片判斷吉凶的夢。當天夜裡用這個枕頭睡覺，然後依夢見的事物來判斷吉凶。

如果你夢見自己穿著華麗服飾，或是笑、吃，遇到人、唱歌……等較為活潑快樂的夢，表示大吉。但若是夢裡自己處於困難狀態，和自己厭惡的人同席，坐於骯髒汚穢之地，或是被某種東西追趕……等，表示凶。

其他也有一些表吉祥的象徵，像鳥飛（從籠裡飛到外面去）、渡海、花開（或是很多花盛開著），或是帶著動物散步，夢到水果……等。表凶兆象徵的夢，像從高處跌落下來，被玻璃割傷，不停地走不停地跑，但仍滯留不前，或是踩著腳踏車……等。若夢到和死去之人相見的話，表示近日內，身上將會產生極大的變化，至於這個變化是吉是凶，乃根據此人生前的好惡來判斷。

薰衣草的枕頭

如果你不知願望可否達成，而欲占卜吉凶，可於上弦月的日子，塞入薰衣草的綢緞於枕頭。

那一夜夢裡，你將可得到解答。若是夢到笑、吃、穿戴飾物，遇到人或是鳥飛花開，表示吉。若是夢到跌倒、被追趕、踩著腳踏車或是討厭的人，表凶。可以依照夢斷的事物來判斷願望可否達成。

薰衣草的枕頭，於上弦月的晚上可以發揮無比的效力。

馬上即能實現的魔法③

●看見螢火蟲的時候

如果你是女孩子，可以一邊朝天空放了螢火蟲，一邊唸著：「螢火蟲啊！向北向南向東向西飛吧！我將可以發現我最喜愛的人了。」

這是女孩子用來尋找愛人時所使用的方法，藉著螢火蟲（Lady-bird）的力量，不久，你將可尋覓理想中的愛人。

●縫衣物時針斷掉

如果縫衣物時針斷掉，千萬別中途停止，要繼續把它縫完。然後於嘴裡唸著「針千根、針千根、針千根……」這樣的咒文三次以上。再拿另外的針，繼續把它完成。如此一來，即可打退惡魔。

這是不管用在手縫衣物或是使用縫紉機的場合裡，針斷時，都要這樣做。因此，縫衣物時，必須準備幾根針以防不備之需。

●欲想起所忘事情

將左手手指繫上紅色繩子。因為紅色即是魔力聚集之處，必定會產生某種約束之力。

如果你欲想起所忘掉的事情，可以直接坐下來數到10，然後嘴裡唸著「我已坐了下來，惡運也隨我而去」的咒文。據說，如果不這樣做，將會帶來惡運。又，如果你太忙，無暇這樣做，可用口水擦在左肩上，也可具有同等的效力。

●發現車子只剩一個照明燈時

這時，你可手摸車頂，嘴裡唸著咒文「啪得烏達利」然後許願。

或者於約會時，給愛人一個吻，這樣的話，也可讓你達成願望。

實踐法Ⅳ

能夠改變自我的咒術

黑頭鳩與白頭鳩

能夠改變自我的咒術1

能夠改變懶惰的惡習

這是一段從太陽和月亮運行的神話中產生而來的故事。黑頭鳩的紅色尾巴與白頭鳩的白頭，已成了利慾薰心與懶惰惡習的象徵，也因此，常被人視為嘲笑和輕蔑的對象。這段神話描述「創造之神因為憎恨平和安祥的天地，於是創造出九個太陽與十個月亮，讓它們齊照大地來毀滅所有的生物，但是，並沒有讓創造之神得逞，不久之後，被射落了八個太陽與九個月亮。也就是留下了今天我們所看到的太陽和月亮。也因此，地上出現了黑暗寒冷的世界。創造之神計謀未得逞，乃召集了所有的飛鳥野獸，命令帶回射落的太陽和月亮，但是懶惰的黑頭鳩與白頭鳩卻以生病和守喪為理由，沒有照著創造之神的命令去做」。如果你也像黑頭鳩與白頭鳩一樣懶惰成性，可以用此魔法來改掉惡習。

如圖所示用墨畫上黑頭鳩與白頭鳩。如果你懶惰惡習出現時，各自於黑頭鳩與白頭鳩圖形畫上大大的太陽和月亮，畫時最好用力一點，若畫破丟掉重畫。如此一來，你就可戰勝懶惰這個大敵。但是，這個方法最好不要常使用，否則效果會降低。

黑頭鳩與白頭鳩

如果你求學或是工作，常因懶惰而導致失敗的命運，你可試試這個黑頭鳩與白頭鳩的魔法

用墨描繪懶惰的黑頭鳩與白頭鳩各兩隻。當懶惰的念頭開始於心中萌芽時，在其上畫上太陽和月亮，猶如與懶惰之友絕交般用力地畫，但畫破了要丟掉重畫。

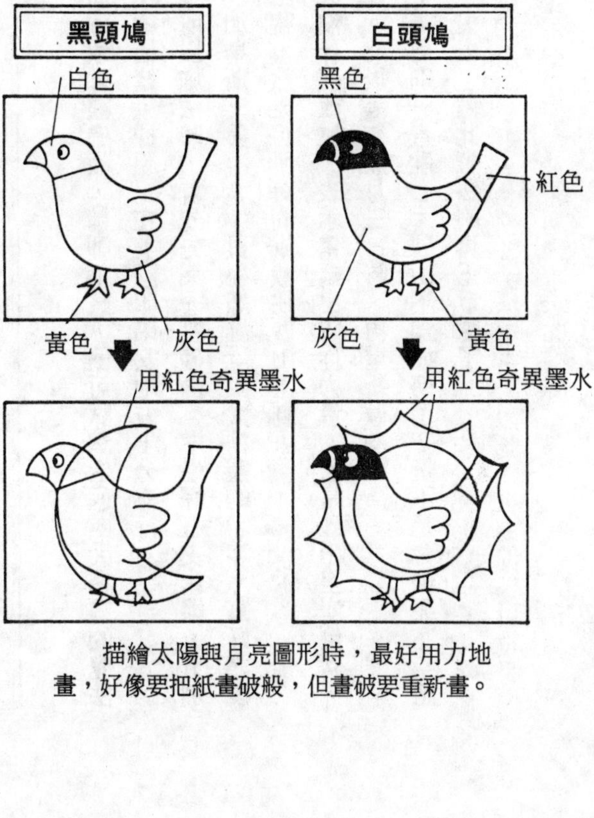

描繪太陽與月亮圖形時，最好用力地畫，好像要把紙畫破般，但畫破要重新畫。

能夠治癒疑心病

能夠改變自我的咒術2

四精靈的魔法

如果你一直為某事「耽心」而導致神經過敏，精神不靈，倒可試試這個四大精靈的魔法。這魔法是借助四大精靈之力來平緩情緒，據說，在美國印弟安地方十分盛行。

因為精靈時常寄宿於聖山裡，所以施法時，首先先築一座砂山。準備好五支旗幟，分別寫上「萬加比」、「凌多羅」、「加烏斯艾魯」、「貝魯黑羅」四大精靈的名字。寫好之後，剩下來的那根旗幟，畫上△記號，然後將所有的旗幟往砂山上刺去。

第二天早上，若砂山維持原來沒什麼改變，表示精靈已賜你力量。若是砂山呈崩倒狀，就必須將插在上面的旗幟全部丟掉。然後等待滿月三日時，再重新做一次。

但是，施行魔法的這一天晚上，可別一直耽心「砂山不知如何了?是不是會倒呢?」記住這一天晚上什麼都別想，才不會失去了做此魔法的真正意味了。

四精靈的魔法

如果你常為某事耽心而導致神經過敏的話，可以託負印第安的四大精靈來減輕心中的壓力。

堆一座砂山，然後將寫有四大精靈名字的旗幟插於砂山上，再將標有咒術記號的旗幟一支插於特定的位置。第二天早上，如果砂山仍維持原來沒有改變，表示精靈已賜予你力量。若是砂山崩倒，就必須將旗幟丟掉。然後等待滿月之日再重新做一次。

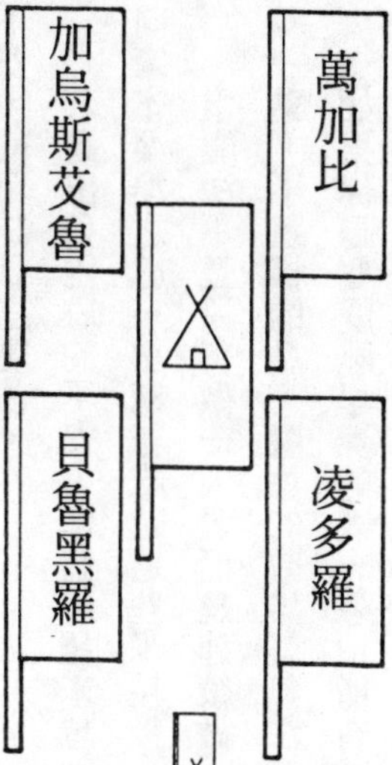

準備寫有精靈名字的旗幟五支

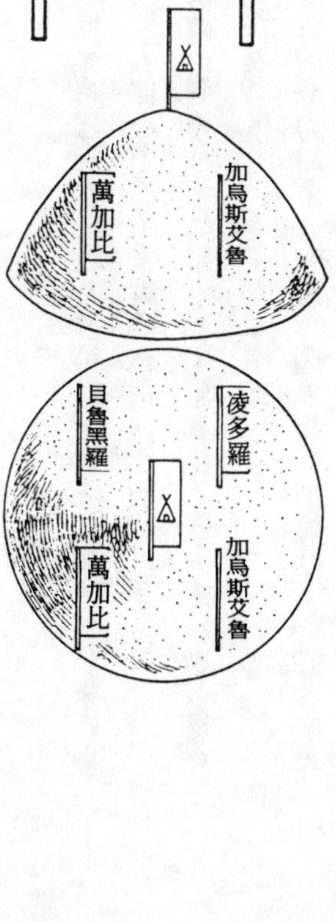

築好砂山將旗幟刺上

從上往下看的砂山旗幟圖

用米粒消除不安的咒法

能夠消除心中的不安

能夠改變自我的咒術3

保持一顆平靜的心是十分困難的事，特別是於人多的場合裡，更容易顯得侷促不安。當然，必須經過多次的磨鍊才能做到的。

古時曾傳下來關於克服這方面的魔咒，就是於手掌上寫「人」這個字寫三次，然後作吞筮狀將此字吞下去，以後，在人前的場合裡你就不會感到彆扭不安了。如果只是純粹怕生而不安，就可試試這魔法。

若是出自內心的不安，準備幾粒米粒，將它染成紅色。於第二天太陽升起時，將米粒撒向痲雀聚集之處，讓痲雀吃過這些米粒後，你心中的不安就隨之飛往四面八方了。

這魔法不是只有做一天，而是連續做一個禮拜。如果你心中感到越不安，米粒數就準備多一點，不這樣的話，魔法的效果就無法奏效。

如果你是個愛睡早覺的人，恐怕所有的努力將會成泡影，因為施行這魔法，必須每天早起。

米粒消除不安的咒法

如果你平時總感煩躁不安，而想擁有一顆平靜之心時，可以準備和心中鬱悶差不多多的米粒數來施法。

將這些米粒染成紅色，於第二天早上太陽升起時，朝麻雀聚集之地撒去，當麻雀吃掉這些米粒時，你的不安，將會朝四面八方飛走。施行這個魔法至少要連續七天，不可中斷。

準備的米粒數必須由心中不安的多寡來決定。
太陽出來時，將米粒撒給麻雀吃。

焚香的鎮靜法

能夠沈著不慌亂
能夠改變自我的咒術4

要鎮靜心思，自古以來最普通的做法就是冥想鎮靜法。但現在所要介紹的焚香法，不像冥想法必須受過訓練，比較起來較容易去實踐。所謂的焚香法就是使用香來刺激嗅覺，達成心境平和的境界。和一般的魔法在性質上比較起來，可能有些差異。

選擇什麼樣的香？基本上是根據自己的喜好來決定，必須準備好兩種不同種類的香。

接著開始施法。首先，慢慢地沐浴。沐浴過後，用浴衣將身體裹起，關掉電燈點燃蠟燭。這時一邊焚香一邊唱著「阿門、阿門、阿門」的咒文三次，唱時儘可能腦海裡什麼事都不要想。當第一柱香燃燒完了再點燃第二柱香，用大拇指輕壓燃燒完了第一柱香的根部十次，然後再唱先前唱過的咒文三次。

香燃燒將盡，蠟燭也只剩一小截時，「啪！」用手大力地在蠟燭上敲出聲音「呼！」，然後一口氣吹熄蠟燭的火，如此一來，你的心將會沈著而不慌亂了。

焚香鎮靜法

如果你希望心情能沈著不慌亂的話，可先行沐浴，再來施法。

沐浴過後，披上浴衣，於黑暗的房裡點燃蠟燭，然後焚香。

唱著「阿門、阿門、阿門」的咒文三次，再用大拇指輕壓燃燒的香根部。

蠟燭完火之前先用手敲敲燃燒的香根部。

熄火之前先用大拇指輕壓燃燒的香根部。

蠟燭熄火，再一口氣將燭火吹熄，如此一來，你將沈著鎮靜而不會慌亂了。

一邊焚香，一邊唱著咒文三次

香快燃燒完時，蠟燭也將燒盡時，先用手敲再一口氣吹熄燭火

聖人克歐魯咕的咒法

能夠製造勇氣
能夠改變自我的咒術5

在南斯拉夫這個國家，關於森林精靈與水中精靈的民間傳說特別多，可能由於它是一個和大自然有著息息相關關係的國家。

在南斯拉夫，每年的四月二十四日舉行「綠色的克歐魯咕」儀式，為人紀念春天的聖人克歐魯咕。這個儀式是將一位年輕人當作克歐魯咕的化身，然後用白樺樹的枝、葉來裝飾他，再由他帶頭領著一群的年輕伙伴，挨家挨戶唱著迎接春天的歌，接受衆人食物的饋贈。

聖人克歐魯咕，在打退龍王的傳說中也十分有名，他代表勇氣的象徵。

現在就為你介紹聖人克歐魯咕賜予人勇氣的魔法。首先，先行入浴，再用香油擦拭全身，若沒有香油可用護膚油來代替。然後將先前準備好的白樺樹照片或是畫好的白樺樹圖，放於自己的面前，接著唱著迎接春天的咒文「**貝倫**、**烏歐羅斯**、**斯多利伯古**、**達利伯古**、**霍魯斯**、**摩空西**、**晒瑪露古魯**」，一邊唱，一邊繞著白樺樹照片走三圈。

以後，這張照片就放在桌上裝飾用，當你需要勇氣時，朝著照片注視一分鐘，勇氣就會產生了。這是由於聖人克歐魯咕賜予你不可思議的勇氣。

聖人克歐魯咕的咒法

如果你需要勇氣，可以試試這個聖人克歐魯咕的咒法。

沐浴過後，用香油塗於身上，將白樺樹的照片置於面前，反覆唱三次咒文，再一邊繞著白樺樹照片走三圈。

如此一來，你就可受到聖人克歐魯咕的庇護，當你看著白樺樹的照片時，你的勇氣就會不覺地湧出了。

如果沒有白樺樹的照片可用畫的。

巴卡斯的秘咒

能夠改變自我的咒術6

改掉父親或戀人愛喝酒的惡習

迪歐紐瓊斯是希臘神話中一位酒神，他時常教人如何沈溺於酒海中。迪歐紐瓊斯（巴斯卡）用葡萄發酵做成的酒來引誘別人，讓對方喝完陷於昏迷恍惚的狀態。而迪歐紐瓊斯有時被叫做紐西歐斯，乃是因為人們喝完他的葡萄酒後，從日常的拘謹生活中解放且喝得太多，舌頭僵硬導致叫出各種不標準的名字來。

雖然迪歐紐瓊斯是專門教人如何沈溺酒海，但是有時人們並非因他巫術所害，而是本身就喜好喝酒。

如果你的父親或是戀人是這種嗜酒的酒鬼的話，可以準備迪歐紐瓊斯的聖植物，使它完全乾燥後，煎成飲料讓對方喝下去。所謂的聖植物是葡萄、常春藤、薔薇三種植物。當聖植物乾燥後，將其切碎，加入少量開水，之後混入茶裡，讓有酒癮的人喝下。如果每天這樣做，相信對方絕對可以改掉此惡習。

巴卡斯的秘咒

如果你正煩惱你的父親或戀人有酒癮的話，可以準備酒神巴卡斯的三種聖植物。當此三種植物乾燥後，用刀將它切碎，加入一些開水，再將它混入茶裡，讓有酒癮的人喝下。這個秘法必須每天做，這樣的話其酒量會日漸減少，不久的將來，對方就會自己克制自己。

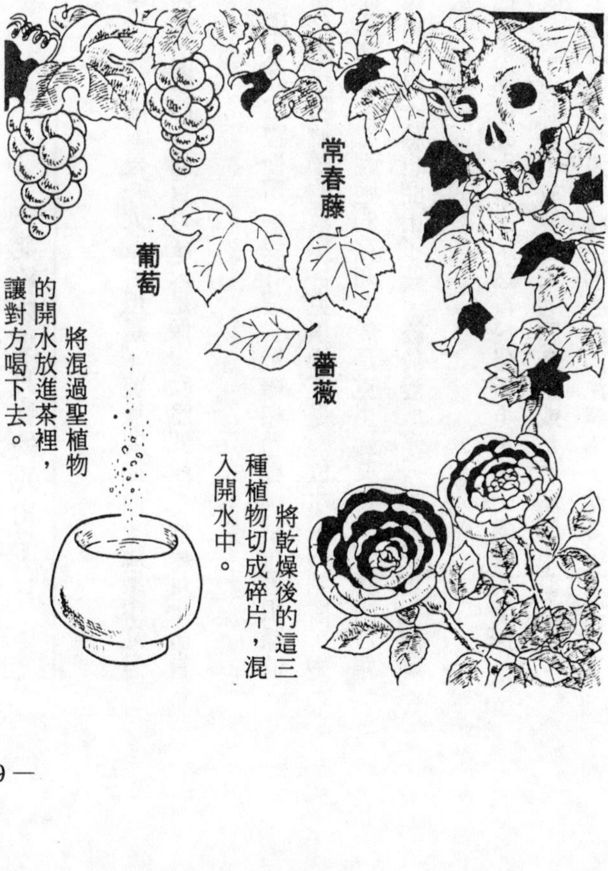
常春藤
葡萄
薔薇
將乾燥後的這三種植物切成碎片，混入開水中。
將混過聖植物的開水放進茶裡，讓對方喝下去。

能集中注意力

能夠改變自我的咒術7

向日葵的願咒

無法集中注意力的人，做任何事一定比別人差一大截。但是，究竟要如何才能集中注意力呢？當然要集中注意力，不能全仰仗這魔法。而且方法只是像少女唸咒般，效果是十分有限的。

這個魔法，在面對地中海的許多國家經常被使用。或許這些地緣和希臘神話有著很深的淵源，有一段希臘神話是描述克里娣艾暗戀阿波羅的故事。克里娣艾是一位水中的精靈，她對阿波羅抱有強烈的好感。但是阿波羅卻完全忽視她的存在。於是克里娣艾每天守著阿波羅的一舉一動，漸漸地克里娣艾的腳長出了根，臉也開出了花，終於變成了一株守護著太陽神阿波羅的「向日葵」。

這個集中精神的魔法，是用黃色的木綿作成小袋子，然後於袋子上，繡上太陽的圖形，繡好後放進四粒向日葵的種子。之後，將這個袋子放於自宅的屋簷下或是房屋的東側七天。在比賽或考試的特殊日子裡，將袋子隨時帶於身邊，將可加強你的注意力。此外，若將袋子置於陽光照射之處也可。

向日葵的願咒

如果你希望能夠集中精神的話，可以借助克里娣艾的集中力來達成所願。首先，用黃色的木綿做成一個小袋子，然後於袋上繡上太陽的圖形，繡好後放入四粒向日葵的種子。將這個袋子置放於自宅的屋簷下或是房屋的東側七天。

當太陽光照到這個袋子以後，於比賽或考試的特殊日子將它隨時帶在身邊，那麼，你就可以得到克里娣艾魔力的幫助了。

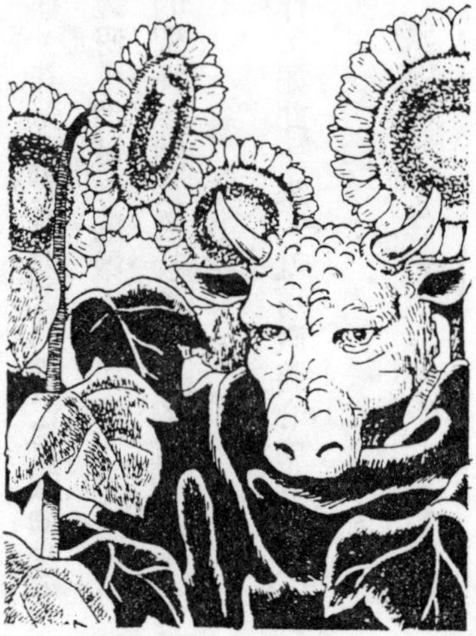

創造之神普達的魔法

能夠加強意志

能夠改變自我的咒術8

對自己而言，都會有較脆弱無助的一面吧……？常常好不容易下定決心了一件事，但卻猶豫而裹足不前，雖然明知要提起勇氣去行動，但一再考慮之下，反而三心二意，成就不了事情……，像這樣反覆無常的行為，你可能經常做吧，這個魔法就是教你要如何戰勝心中的敵人。

編篡古埃及墓碑上文字的《死亡之書》這本書裡，其一六六章寫著「你已將頭仰起至水平線了，你能抬高它表示你已勝利了，創造之神普達呀！消滅你的敵人吧！」

將上列的言語寫於厚紙上，再用紅筆描繪勝利的聖杯，然後置於睡覺用的枕頭下。如此就能改變你猶豫的態度，增強你的自信心。

厚紙在每月的新月日（滿月開始數十四天）製作，如此一來，就可戰勝心中的敵人，你的弱點自然改掉。

創造之神普達的魔法

如果你正面臨自己優柔寡斷，無法下定決定去做一件事時，可於一張厚紙上寫著「你已將頭仰起至水平線了，你能抬高它表示你已勝利了，創造之神普達啊！消滅你的敵人吧！」寫完後，再用紅筆描繪勝利的聖杯，然後置於睡覺用的枕頭下。如此一來，你就可戰勝心中的敵人了。

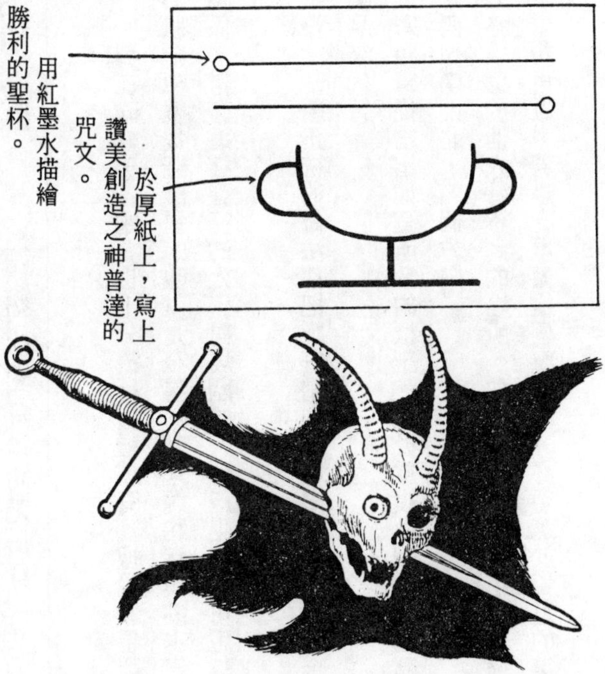
於厚紙上，寫上讚美創造之神普達的咒文。
用紅墨水描繪勝利的聖杯。

使自己能成為受歡迎的人

能夠改變自我的咒術9

生命象徵的秘符

這是一種代表生命象徵的護符。現在的歐美各國，也十分流行這種護符，據說影星亞蘭德倫的身上就掛有這種東西。其形狀類似愛情守護星，也就是金星。其起源和深奧的卡巴拉哲學及黑魯梅斯哲學有著極大的關係。帶有這種護符的人，對周圍的人會產生極不可思議的魅力，而且會十分的受歡迎。

首先，可用金或銀來做這個護符，一般正統的做法都把護符當作耳環來使用；如果金或銀太過貴重，你也可以用其他仿製品來代替。

於黑紙的中央，用金色畫具或彩色筆描繪出如圖所示的標記。然後重複做四張這種圖形的標記，做好後各放於房間的東、西、南、北，四個方向。

但必須注意的是，放置的地方必須選於他人看不到的場所。如果一張被發現了，其他三張的效力也就盡失了。那麼就必須重新再做，若是在重做這個魔法時，必須選於每月的第一個星期五。

生命象徵的秘符

如果你希望成為一個有魅力，十分受歡迎的人物，就可借助生命象徵的護符，讓你達成心願。於每個月的第一個星期五，在黑色紙上，用金色的筆描繪生命護符的標記。重複做四張，放在房間的東、西、南、北四個角落。放置的地方最好不要被人發現，如此一來，你就能如願以償受到衆人的歡迎。

黑紙中央，用金色畫具或彩色筆，描繪出護符的標記。畫好後，各置於東西南北角落，放置地點勿被人發現。

能夠改變消沈的意志

能夠改變自我的咒術10

韋馱天的降魔除惡

敏捷地判斷事物，快速地工作行動……這是很多人極需想擁有的。特別是現在這種情報細密且被急速要求的社會局勢裡，能積極行動才是最大的武器。如果你是一位意志消沈、無法迅速行動的人，可以提供你這個護符作參考。

這個護符上所給之神乃是「韋馱天」。韋馱天跑的速度十分快，也以此而有名。原本是個討伐惡魔的軍神，但後來卻變成侵襲小孩的病神首領，同時，他也賦予崇拜他的人生命與活力。曾親身受惠於這位神的人十分多，就我而言，不管去那裡，此護符幾乎寸步不離身，因此，我常常獲得許多意想不到的幸運。

如果你想隨時攜帶此護符，可以將插圖剪下，或是拿去影印。此外，這位韋馱神是位有潔癖的神，如果你對他不夠虔誠，心中半信半疑的話，即使施惠於你，你也將會發生嚴重的事情。所以，最好小心一點。

韋馱天的降魔除惡

如果你行動遲緩、思路不夠敏捷，在現今這個社會裡可能會吃大虧，因此，你可借助這位賜予人生命與活力的韋馱天軍神。

首先，剪下韋馱天的圖案，然後放於錢包、記事本裡，如果你能每隔一段時間定期放進的話，你就會產生積極之心了。但是，若你對此神存著半信半疑的態度，那麼恐會有不祥之事發生。

這是賜予人生命與活力的軍神韋馱天護符。可影印然後將圖形剪下隨時帶在身邊。

能夠使心情愉快，招來好運

能夠改變自我的咒術11

招運的護符

人倒楣的時候，經常會禍不單行——這是一句很通俗的諺語。在心靈的法則裡面，惡運會反覆不停的循環。說到這裡的時候，如果你是正處於惡運連連，脫離這種情況是必要的。這個魔法，在咒術裡面扮演極重要的角色。

寫完這個道理後，開始著手實踐。做這個護符的時候必須選在心情愉快、身體狀況良好的日子裡。如果身體不適，心情不佳，所做出來的護符可能沒有什麼效力。

準備一張白色紙，用毛筆畫上如圖所示之圖形，做好之後貼在房間的辰巳方位（即東南方向）。

此外，最好將圖形記在腦海裡，遇到困難的情況時，可於手掌上描繪出這個圖形，如此一來，可幫你找到解決之道。

畫圖形時其順序從那裡開始，我也不清楚，所以不要回答比較好，不過一般的畫法，都是由右至左，再由上而下。

招運的護符

如果你一直處於惡運連連，禍不單行的情況下，可使用這招運的護符，來改變你的運氣。

於白色紙上描繪護符的圖形。畫好之後，將此護符貼於房屋的辰巳方位，當你正處於困難狀況時，你可將圖形，由右而左，由上而下，畫於手掌上。

不久，你的運氣將隨之改變而且好運連連。

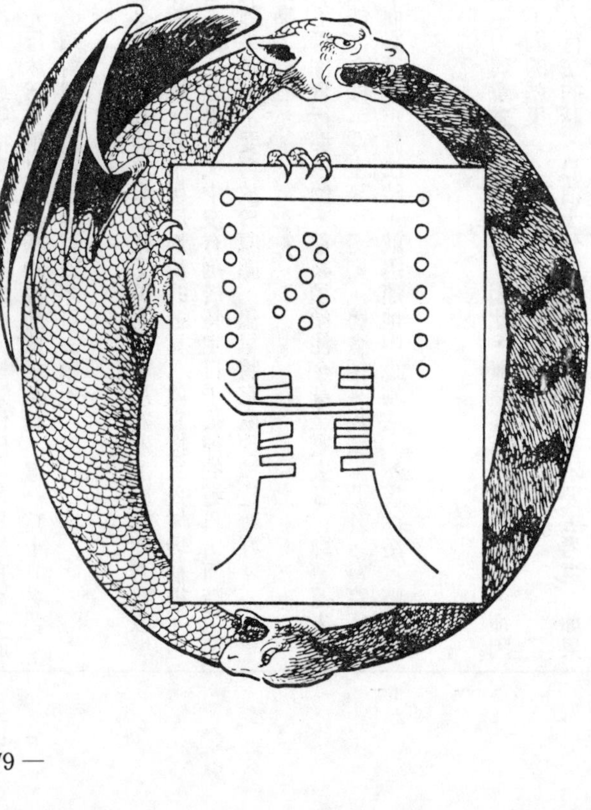

將護符貼於房間的東南方向。

咒術Q＆A①

Q、施行魔法時，你是保持什麼樣的心態呢？

A、首先，須摒棄邪惡之心，再來，還須捨棄半途而廢之心，無論作任何事都須有從一而終的決心才可。行法前，先行沐浴，用自己喜好的香油擦拭身體，這一點十分重要。又，若實行的是黑咒術，必須對黑咒術有當相認識才可去做。

Q、使用過後的道具呢？

A、基本上，丟掉比較好。但是，若和其他垃圾一起丟掉的話，乃為邪道。因此若可以燃燒的道具，就用紙將它包起來燒掉，若不可以燃燒的道具，就直接丟入垃圾桶裡。這時，別忘了一邊感謝一邊丟掉。如果本文中沒有選於特定日子丟掉的道具，何時丟都無所謂，但當魔法一出現效果時，不要再放於原處，儘早將它處理掉比較好。

Q、可以同時間實行多種魔法嗎？

A、這個答案當然是否定的。不管你實行那一個，都必須傾注全身全靈去做，願望還未達成時，也不能有半途而廢的「念頭」浮上來。否則，將會招來災禍。此外，當實行一個魔法接近完了，因某事而必須中止施法時，就迅速地中止施法，然後沐浴，將使用過的道具處理掉。

Q、可以代理別人施法嗎？

A、人類與生俱來的靈力、集中力與意志力均不相同。因此，雖然同行相同的魔法，卻因個人的微妙而產生出許多不同的結果。

更進一步說，代替他人行法的話，恐怕十分勉強，最好考慮都不要去考慮。如果你十分的忙，而必須做一個連續七天的魔法時，切記不可將其中的一天委託別人代做，否則，此魔法的效力將瞬間破壞無疑。

實踐法V

反覆詛咒的咒術

憎恨的徽章

詛咒自己憎恨的對象

反覆詛咒的咒術1

這是一個鼓勵惡魔來詛咒自己憎恨對象的魔法。但千萬別像將惡魔梅發斯多菲宙斯誘出的老學者發烏斯多的下場一樣。因為發烏斯多是十五世紀末至十六世紀中的鍊金術師，他將惡魔誘出後，卻被惡魔打入地獄，在千鈞一髮之際，幸好老天助他一臂之力。

施行這個魔法所使用的徽章，必須是金屬製品，如果是金屬以外的東西可能會被拒絕而無法誘出惡魔。然後如圖所示將其圖形刻在金屬片上，於自己所在的四方各點燃四根蠟燭，臉朝著北方坐下來。這時一手拿著金屬片，一手拿著蒜頭，蒜頭若越大效果越佳。之後，開始集中精神憎恨敵人，嘴裡唸著「歐——」的咒語，時間越長越好。

最後，從內側先開始，將蠟燭的火熄滅，使用過後的蠟燭埋於教會的庭院裡。至於那個徽章隨時帶在身邊，從那時開始，絕不能離開身邊半步。如此一來，你的咒語聲將使敵人陷於苦境。這個魔法如果使用過度可能會造成脊椎方面的毛病，可說是相當具有危險性的魔法之一。

憎恨的徽章

如果你有憎恨的敵人的話，即可藉著鼓動惡魔的金屬徽章，來達成自己的目的。於四方各立四根蠟燭，一手拿著徽章，一手拿著大蒜朝北而坐。不久之後，開始集中精神憎恨敵人。根據嘴裡所發出的咒語，將可鼓動惡魔來困擾敵人。

一手拿著金屬徽章，一手拿著大蒜，朝北而坐。

伊茲斯的守護符

保護自己免於誤解所傷害

反覆詛咒的咒術2

你不想被別人所怨恨，但卻因為某種誤解而招來他人怨懟的話，這時你就可藉著伊茲斯的守護符的偉大力量，來保護你的身心不受到傷害。這個守護符，是根據「死者的書」這本書裡的第一五六頁裡所加以詮釋出來的，因此，將這篇文章雕於符上即可。

這篇文章寫著——用伊茲斯的血、用伊茲斯的力、用伊茲斯的威力及言語，來保護高貴的人，讓對他抱有嫌惡之意的人遠離他，根據伊茲斯的偉大守護之力，讓高貴之人更加發憤努力工作。

做這個護符時，必須準備直徑五公厘以上的圓繩及紅色有孔的小玻璃珠，若想戴在身上的話，可將護符附於金鎖片上。可以參考圖形所示，將圓繩折成半，中間穿過小玻璃珠，再用細繩綁三圈固定。

如果現在周圍有憎恨自己的人，和對方見面時，帶著這個守護符，就像戴項鍊般帶在身邊。如果對方看到這護符之後，魔力將會衰退，因此，切記別讓對方發現。

伊茲斯的守護符

如果你不想因誤解而招人怨恨的話，可藉伊茲斯的力量來保護自己。

將大約十公分長的圓繩折成半，於中央之處用紅色小玻璃珠穿過，再用細繩綁三圈固定。如此將它帶在身邊，你就可以得到埃及女神伊茲斯的庇護，但是這護符可別讓他人看見，否則，怨恨的利刃，將更加厲害地朝著你來。

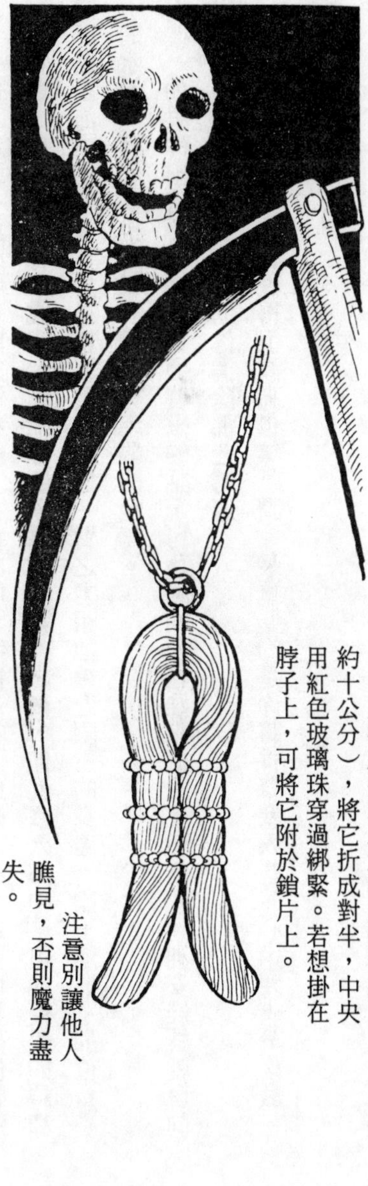

直徑五公厘以上的圓繩（長大約十公分），將它折成對半，中央用紅色玻璃珠穿過綁緊。若想掛在脖子上，可將它附於鎖片上。

注意別讓他人瞧見，否則魔力盡失。

消除並非預期的霉運

反覆詛咒的咒術3

阿利安娃娃

這個魔法並非是黑咒術，只是藉著人形娃娃來消除霉運罷了。

阿利安是位有名的音樂家，十分受到柯靈頓王的寵愛，阿利安因而央求國王，決定到處旅行，流浪各國。

但不幸地，他的所有財產卻在船上被貪心的水手搶走了。此時，到了這樣地步，他也別無奢求，只希望能有華裳穿，能隨心所欲唱歌吟詩。之後，他就躍入海中。但他優美的詩卻感動了海中的精靈，於是精靈們都助他一臂之力讓他重返國王的身邊。國王懲罰了那位貪心的水手，阿利安也過了一個十分幸福的晚年。

如果你出奇不意地被霉運襲擊的話，可藉阿利安娃娃來擺脫。而這個阿利安娃娃就會向海中精靈尋求力量，幫助你消除那些霉運。

如果無法將娃娃做得很漂亮也無所謂。最重要的是你將香草塞入時，心中要十分虔誠。

阿利安娃娃

如果你被他人所陷害，可做一個傳說的音樂家阿利安的人像，然後藉海中精靈之力來消除惡運。

阿利安娃娃的頭戴上用金色玻璃珠做成的冠，手上帶有豎琴，且手腳都戴有金紙做成的手鐲，裡頭再塞入一些香草，如果你能專心做這個娃娃，你的霉運將藉著阿利安娃娃一掃而空了。

毒人參的魔咒

可知道究竟被誰下咒Ⅰ

反覆詛咒的咒術4

究竟被何方神聖下咒呢——這是一個較具黑暗性的主題。在現在這種競爭熾烈的社會裡，可能有些場合與自己毫不相干，也因而踏都沒踏進過。於是就產生了麥桿娃娃的詛咒手段了……。如果你用了毒人參的魔咒，那麼你將可知曉究竟是何方神聖下的咒了。

於星期六的早上，將一根人參分為二半，然後左右手各拿一根，然後唱著「**日出的同時，寄宿於我身上的敵人，將會出現**」咒文。唱畢，將人參往窗外丟棄。

如此一來，詛咒你的人將於夢中出現。

這個魔法必須從禮拜六以後的每天早上，持續做一個禮拜。到了第八天時，下你咒的人就會出現了。

但是，夢裡是如何顯現呢?可能是暗示的言語，或是直接了當的表現方式……許許多多不同的顯現方法。第八天一到時，心情一定會十分緊張。但是如果超過這天還沒有顯現，恐怕要知道對方是誰就相當困難了。

毒人參的魔咒

如果你因被人下咒，不知對方是何方神聖而常感不安，這時，你可於星期六的早上，太陽由東方昇起之前，將一根人參分為二半，然後左右手各持一根。接著唱「日出的同時，寄宿於我身上的敵人，將會出現」這樣的咒文，唱畢，將人參往窗外投去。

連續施行這個咒法一星期，第八天的時候，你將可見到敵人的面目了。

將一根人參分為兩半，可用菜刀來切割。

反覆詛咒的咒術5

可知究竟被誰下咒Ⅱ

衆神的咒法

想要知道下咒的人究竟是誰，還有下面介紹這個方法。

首先，用綠色的墨水於紫色的紙上描繪如圖所示之徽章（衆神的咒法）。然後做祭壇，如圖所示將蠟燭排列整齊，此時以平靜沈著之心，焚香點燃燭火。接著你將會感覺有種未卜先知的氣氛環繞著你。如果你開始猜想究竟是誰下的咒，那麼，對方就會出現在你未卜先知的感應中了。

把眼睛閉上十分鐘，然後再慢慢張開眼睛，注視著蠟燭的燭火，依照燭火的樣子來判斷對方。這時，將此徽章握於手中或是帶在身上。如果燭火明明滅滅、搖擺不定，表示憎恨你的敵人就在你身旁。但是，若燭火突然變得十分旺盛，表幸運之神將與你招手了。

觀察燭火的狀態，如果不熟練就不容易去判斷，但完全依照你眼睛所見來感覺，因此，直覺是最重要的。如果燭火搖擺地十分厲害，可將此徽章掛於房門口，兩側再掛上銀的鎖片。掛好後，這個魔法即大功告成了。

衆神的咒法

如果你被他人下咒，而想知道對方是誰的話，可用聖火來替你找到答案。首先，用綠色墨水於紫色紙上，描繪出此徽章。然後，將蠟燭立於四角做神壇，點火時，必須沈著不慌亂。此時，觀察燭火若搖擺不定時，表示詛咒你的人在你身邊。

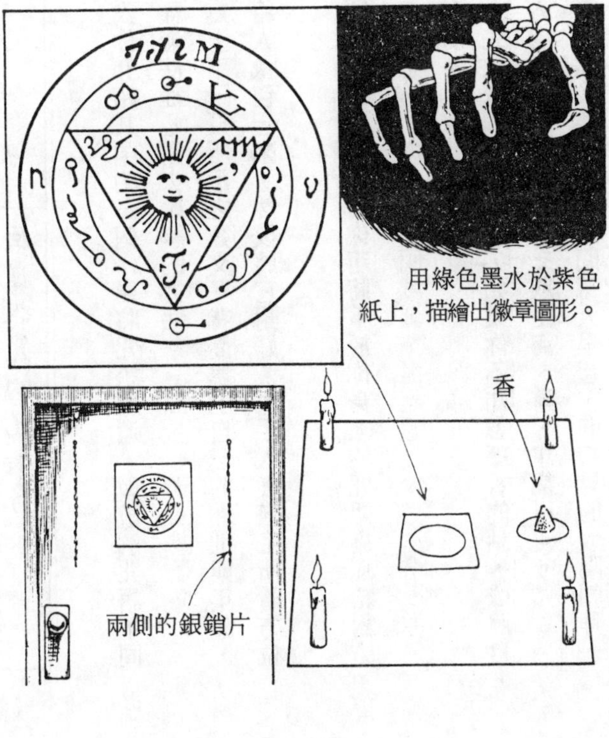

用綠色墨水於紫色紙上，描繪出徽章圖形。

將咒語施還的咒法

反覆詛咒的咒術6

將被下咒的咒語施還給對方

將咒語施還的方法有很多，現在為你介紹其中的一個。要將咒語施還，與破解咒語不同的是要背負相當大的危險性。這是一種無法從心靈去勸解的方法。

用白紙做個人像，然後於白紙上寫上下一頁所示之靈文。背面寫上自己的性別與年齡，接著唱一百次咒文，唱完後，用靈符將人像包起來，然後將它封好，再丟入從自宅所看方位艮好的河川或海裡。

此時，你絕對不可往後看，然後回來。如此一來，你可將下於你身上的咒語施還給對方。咒文如下寫：

「**在我身上下的咒，我將它施還給你。**」

從自宅所看方位艮好的河川或海，完全依個人而不同，如果你不知怎麼看的話，依照自己睡覺枕頭所擺的方向，然後於這個方向上的河流就是了（或是海、溝、窪都可）。

做法之後，必須對你周圍之人行善，然後連續一段時間每天早起，向初昇的太陽朝拜。

將咒語施還的咒法　如果你被別人憎恨，同時被下咒，為了保護自己，你希望將下於你身上的咒語施還給對方，這時，你可準備一張乾淨的白紙，其上寫著靈文，背面寫著你的性別與年齡，然後唱著咒文「在我身上下的咒，我將它施還給你」一百次。再用白紙做個人像，用剛寫好的靈符將它包起來，然後封好靈符。朝著你睡覺枕頭方向上的河川丟去。

如此一來，咒語即可施還給對方了。但是從河邊回來時切記頭不可往後看。

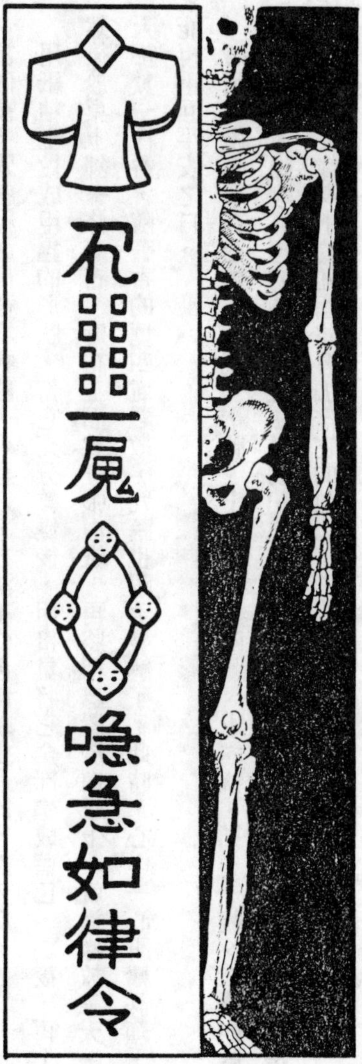

反覆詛咒的咒術7

解開被下咒的咒語—

甲蟲的祈咒

在古埃及，甲蟲下蛋時是由東向西轉，然後再將蛋埋於所挖的穴中二十八天，到了第二十九天時，幼蟲從卵中漸漸跑出，此時若投入水中，將會出現新而神聖的甲蟲生命。即使甲蟲與木乃伊一起被埋葬，但牠可再創新生命的自然光輝。縱然甲蟲被埋葬了，但其生命卻不會腐化。

當你被下咒就猶如你被埋葬般，可藉以下方法讓你再創新生命的自然光輝。

用紙粘土做成甲蟲的形狀，當它充分乾燥後，用畫具將它全部塗成藍色，之後，再上漆。然後於桌上舖一條麻布，麻布上面放一張白紙，再將甲蟲置於白紙上，就這樣放三天，每一天都焚一柱香，隨著香的煙四處飄散，咒語也跟著破解了，此時，心中一心祈禱許願，祈求能再重回平安之日。

這個魔術必須在七號、九號、十號、十二號、十四號、十六號、二十一號、二十四號、二十五號，太陽剛昇起的時間內行法。切記，日落之後千萬不可行法。如果你於日落之後行法的話，下於你身上的咒語將會加倍它的效力。

甲蟲的祈咒

如果你被人下咒而希望得到重生的話，可以向擁有不死生命力的甲蟲求救。用紙黏土做成一隻甲蟲的形狀，塗上藍色做修飾。於桌上舖上麻布，再於麻布中央置放一張白紙，然後將甲蟲放於白紙上。如此這樣連續放三天，三天裡每天各燃一柱香，心裡祈求早日重返平安之日，那麼，就可破解你身上的咒語了。

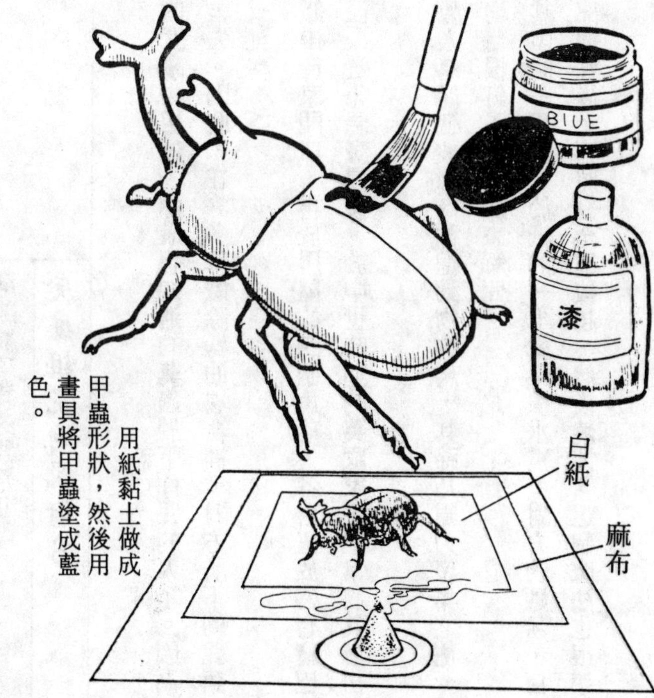

用紙黏土做成甲蟲形狀，然後用畫具將甲蟲塗成藍色。

解開被下咒的咒語Ⅱ

反覆詛咒的咒術8

解咒的秘法

一旦你可以解開下於你身上的咒語，相信，你最想知道的莫過於下你咒的人了。因為知道對方是誰後，咒語的效力幾乎盡失。因此，在許多降魔除妖的場合裡，對方所下的咒語，也只有對方自己本身才能破解它。

一旦知道對方是誰後，將蹄鐵掛於家門口，再於房屋的四個角落，各自置放盛有鹽巴的小碟子。蹄鐵經常被用來保護自己，避免惡魔侵擾，於中世時期的英國家庭，常將其懸掛於門口用來驅邪避魔。

後來到了西元四世紀時，希臘人為保護被喻為神聖動物的馬，其蹄乃靈力聚集之處。所以改用大金槌敲打三根釘子，平均每根釘子敲三次來解咒。

其他還有許多解咒的方法。其中的一個就是於紙的一半處用墨水寫上對方的姓名，每寫一個字就用一根針插於字上，全部插好後，再將針全部拔起，然後燒掉。這個魔法也很適用於避免他人怨恨的場合裡。

解咒的秘法

如果你不知被何方神聖下咒，而正努力探查對方姓名。一旦讓你查出後，他的咒力將會愈來愈薄弱。

知道姓名以後，可用蹄鐵和鹽的咒法（蹄鐵掛於門口，置於房屋的四個角落），或是針刺文字的咒法（用針刺對方的姓名，然後再燒掉）來解咒。

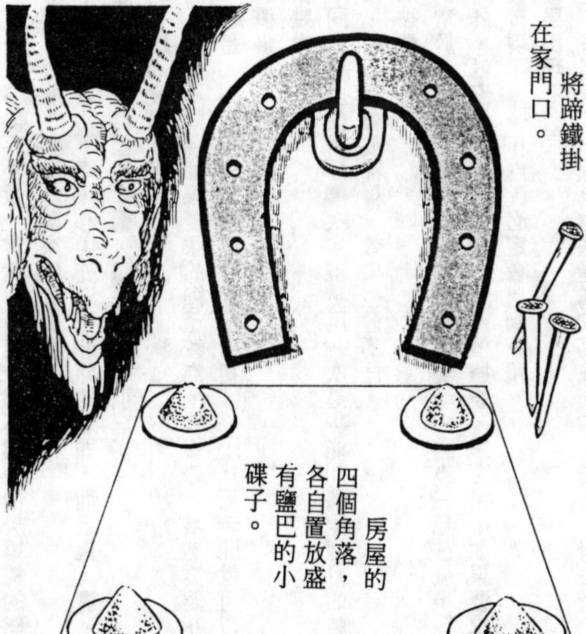
將蹄鐵掛在家門口。
房屋的四個角落，各自置放盛有鹽巴的小碟子。

咒術Q＆A②

Q、魔法行使中，身體突感不適時？

A、必須即刻中止，休息一下任何事都不要做。當然，可能身體不適是由於單純的感冒、但是，在魔法行使中突感不舒服，表示危險來臨的徵兆。

這也就是說，為了達成對方的不幸，心中充滿了邪惡的念頭，而走火入魔。白咒術基本來說，是希望達成對方和自己的幸福，這一點，可別忘了。

Q、魔法效果的出現，大約要經過幾日？

A、這依願望的不同，花的天數也不同。如果要求的願望較為困難複雜，當然需要花某個程度的時間才能達成。但是，一般說來大約從月圓至月初，二十八天時間就可以了。若要提前實現的話，這種事是不可能的。

Q、相同的魔法可以反覆做幾次？

A、相同的魔法依情況的不同，可以使用好幾次。但每用一次最少能間隔兩個月的時間，如果使用次數過於頻繁，魔力將會被稀釋，效果也會不佳。

Q、魔法行使中，為何不能被發現？

A、像這種魔法有很多，常常於注釋中寫著「絕對不能被發現」，因為一旦被發現，魔法效力就會喪失。除此之外，就沒什麼較令人耽心的。但據說，黑咒術中如果要求不能讓其他人發現，一旦被發現了，一年內，必定會遇到災禍。

Q、無論怎麼做，都不見效果出現？

A、首先考慮的是，方法是不是錯掉了，因為魔法是講求高技術的。還有，行法時，千萬別心存半信半疑的態度，此外，欠缺集中力時行法，或是酒醉時行法，將無法達到預期的效果。

預兆事典

嬰兒

凌晨零點生的小孩，易看見幽靈

在歐美各國，為了能養育出健康可愛的下一代，迷信基督教的人十分多。尤其相信，接受教會的洗禮，可以庇護小孩，免於災害。洗禮儀式上所用的禮物，以珊瑚和銅鈴最佳。在古羅馬時代，珊瑚經常被使用來驅邪避魔，特別是紅珊瑚，如果顏色有所變化，即表示小孩可能生病了。至於銅鈴，惡魔聞其聲，將會逃之夭夭。

此外，小孩出生時所送的賀禮，男孩子以綠色東西為佳，女孩子則是粉紅色。然而歐洲都有個傳說，相信男孩子是由綠色高麗葉孕育而出的，女孩子卻是粉紅玫瑰產生的。不管如何，綠色是惡魔最討厭的顏色。

除此之外，仍有很多關於嬰兒迷信的傳說，例如凌晨零點生的小孩，容易看到幽靈。還有，從出生至滿月這一個月期間，嬰兒的人生都活在夢裡。因此，嬰孩要到滿月之後，才算是真正的開始。

到了一歲時，將頭髮剃除，表示回到原來之意。

至於有關嬰兒肚臍的傳說，朝家的東南方地面，埋下雞蛋，等那顆蛋爛掉，嬰兒的肚臍也長好了。

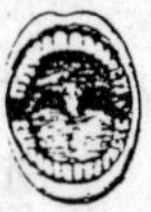

打哈欠

打個大哈欠，可以暗示不歡迎的客人，短時間內不要造訪

古時的人確信，嘴巴乃是人類精氣的入口，也是出口，於是，了解到那一天無法進行時，就會面臨「死」這個問題。因此，想要打哈欠，千萬不要抑制，讓氣儘情從你嘴巴出來。

到了中世紀，卻變成打哈欠的時候也是惡魔出來活動的時候。甚至有些宗教教徒，確信打哈欠時，即有危險產生。因此，打完哈欠後，一定要將手指放於嘴巴前，大力敲三響，如此一來，雖被惡魔追趕，也能得到神三倍的庇護。

西班牙及法國這兩個地方，打完哈欠後，仍留有做十字的習俗，可能也是和惡魔有關。

此外，打個大哈欠，由於受到惡魔及惡靈的影響，據說短時間內，不受歡迎的客人不會造訪。

腳

從左腳先穿褲子，這一天做事就無法有始有終

右邊住有神，左邊住有惡魔——自古就有有關這方面的信仰，因此，走路時，由右腳先開始，穿鞋穿襪時，也是由右腳先開始，那麼你這一天就會充滿幸運。

相反地，如果是左腳先穿褲子，這天做任何事都無法有始有終。如果是左腳先踏入家門，惡魔將會騷擾其家。

若是腳（或腳底）癢的話，即暗示自己走進了一個陌生的環境。

家

爬階梯時被絆倒，表示有結婚喜訊

踏進家門，也是要非常非常的小心。例如，忘了帶鑰匙，從窗戶爬進去，這時，傳說會有不好的事發生。因為從這個窗進去，必定有事會從相同的窗子發生出來。也就是說會有不幸的事產生。

搬家時，若想獲得多點財運的話，不妨在家放置一些錢包討吉利。家和財運關係密切且傳說紛云，其中有個傳說，在玄關放鞋墊的底下，置一小枚銅板，就會和客人產生金錢方面的約束。

如果你爬階梯時不小心絆倒，表示最近家裡有人將傳出結婚的喜訊，應該感到高興。相反地，如果晚上在家聽到三次叩登聲，或是聽到三次柳杖敲門聲，即表示有死訊傳出。

狗

開鎖時狗突然出現，表示這個地方藏有寶物

狗自古就是人類最親密的動物。牠有預知未來的能力。萬一飼養牠的主人那天不小心被殺而死掉。狗就會站在主人的遺體旁，傷心地吠叫著，因此，牠能敏感地感受到「死」的來臨。所以，夜晚如果傳來狗叫聲，即表示可能某個地方有人去世。

在日本，狗是孕婦們平安生產的守護神，但在英國就大不相同了，如果狗突然走過正在論及婚嫁男女的中間，那樁婚事可能會因而流產，即使沒流產而結婚，小倆口也會一天到晚吵吵鬧鬧。萬一不小心有這種事發生，記得吐口痰，嘴裡唸著遠離惡運的咒語，就可避免。此外，開鎖時，若狗突然出現，即表示這個地方藏有寶物。

萬一你所飼養的狗，無法安安靜靜待在家裡而時常弄丟的話，可以將狗尾巴的末端，切一點下來埋在家裡後門的門口，牠就不會一天到晚亂跑，讓你傷透腦筋了。

兔子

牠的後腳，象徵比賽勝利的守護神

兔子經常於明亮夜晚，結群活動。因此使人馬上聯想到兔子是一位和月亮極有關係的守

護神。因為兔子強而有力的後腳，善於跳躍，在古時西方的許多國家，經常切除其強而有力的後腳，然後放在身邊，當成守護神，如此一來，遇到多兇狠的惡魔或惡靈，也能平安無事了。

許多運動比賽的選手，常常親吻兔子的後腳，這樣就可以在比賽中贏得勝利。因而許多商人設計了以兔子後腳為圖樣的鑰匙圈，我們在市面上幾乎可以常見到。

鏡子

如果不小心打破了鏡子，將會連續七年，惡運持續不斷

打破鏡子總給人不祥的感覺，尤其歐美各國仍迷信著，打破鏡子，將會連續七年惡運連連。

又因為鏡子常被做為行使魔法的道具，對於有關鏡子的種種傳說，迷信的人也特別多。其中有一種傳說——女性照鏡子次數不宜太多——。因為次數過多的話，會看見住於鏡後的惡魔。

還有，死者出殯時，記得在家中多放置幾面鏡子，因為死者的靈魂可以藉著鏡子的指引，而邁向天國的極樂世界。

在日本也有一種迷信的傳說，就是孕婦出席喪禮時，為了不讓胎兒看見死者而早死，一定要記得隨身攜帶一面鏡子。歐美各國也是有同樣的迷信傳說，就是不要讓剛出生的嬰兒照鏡子，否則，一年以內必定會死掉。

頭髮

月初剪髮容易遭遇變故

舊約聖書上有記載，白髮表示長壽及尊榮的象徵。

在英國這個國家，也有種種傳說，像手腕上，長滿了濃密的毛髮，即表示這個人將會成為有錢人。而頭髮多的人，即表示這個人腦筋不好。而北英格蘭這個地方也有傳說，女孩子髮際與額頭靠太近的話，可能易成為寡婦。

剪頭髮時，也有許多要注意的地方。尤其是女孩子更加要謹慎，例如，滿月時剛剪的頭髮由於長得速度太快，月初時又要再剪的話，容易有意外地變故，而且對女孩子生理方面更有嚴重的影響，此外，燙髮的話也不易將頭髮燙捲。

元旦

從來訪的客人是男是女，看今年運勢……

在歐美各國，不像在日本，元旦都有拜年的習慣，但是，元旦是一年的開始——這是大家都有的想法。

而在英國這個國家，如果元旦這天不休息的話，這一年裡將會十分忙碌，因此，女孩子也極不願在這一天洗衣服、做家事。

又英國Scotland這個地方，從元旦（十二月三十一日夜半至元旦）來訪的客人，可以看出這一年一家的運勢。例如，造訪者若是男性表示吉，若是女性表示凶，而且以黑髮男性最佳，金髮男性稍差，紅髮女性則會帶來不幸。

而美國某些地方，與日本的一些節日相似，仍留有元旦前幾秒，將窗戶打開迎接驅逐惡魔的神的習俗。除夕那天午夜零時，朝家門外拿進石灰碎片、掃把，或是鐵鍬，即能討個吉利。

還傳說，還未過完年，千萬別掛新日曆。

打噴嚏

禮拜天打噴嚏，要留心有惡魔

打噴嚏的原因，現代人還無法十分理解，但對於古時的人，卻認為打噴嚏是一件讓人不可思議的事，即表示可能會有危險的事發生，或是死期將迫近的徵兆。而在歐洲等地，如果一打噴嚏，旁邊的人「難逃惡魔的手掌」，類似這種不吉利的傳說。

到了現在，關於打噴嚏的傳說也漸漸多了起來。而歐美等地和亞洲也有許多相似的傳說，女性若是吃早餐前打噴嚏的話，表示中午以前將會有朋友來訪。若是打噴嚏一直含在嘴裡打不出來，表示二十四小時內，將會接到某人的死訊通知。

在美國流行一首詩，星期一打噴嚏、會被人開玩笑；星期二打噴嚏，會和某人相見；星期三打噴嚏，會收到信；星期四打噴嚏，會遇上某種好事；星期五打噴嚏，會有傷心事發生；星期六打噴嚏，明天和愛人有約；星期日打噴嚏，這週將會受惡魔支配。

鞋子和襪子

鞋帶關乎你的命運

在西方各國，因為都有幫靈柩裡的死者換上新鞋的習俗，因此，若把鞋置於桌上，即表示死亡的徵兆。但現在卻有不同的解釋，即是有失業的徵兆。

如果你的事業剛剛起步，結果鞋帶鬆了，表示會有不好的事發生。另外還有一種解釋，如果左邊鞋帶掉了，表示有人說你壞話，如果是右邊的話，表示有好事將會降臨身上。

另外，在棒球場上，兩邊腳上各自繫上黑白兩種不同鞋帶，將會招來幸運。

關於那方面的傳說很多，至於某種傳說適合你，就是見人見智，依個人而定了。

——走路外八字的人，性格較慷慨，內八字的人，性格較小氣。

還有關於下列兩種傳說，不知有沒有聽過。——睡前時間一聞這一天所穿過的襪子，晚上就不會做惡夢。還有將襪子反面穿，就會帶來好運。

聖誕節

幸運的碎肉派

聖誕節這一天是耶穌基督的誕生日，這是衆所皆知的事。在「基督教彌撒」裡，對於基督的誕生日卻無據可考，但Miehraism教裡，因崇拜太陽神，就訂十二月二十五日為「太陽的誕生日」。

而歐美各國，從聖誕節算起第十二天的一月六日這一天，因為有三位博士以基督名義訪問Bethlehem這個地方，因此也有人把一月六日當做「舊聖誕節」來慶祝。

美國某些地方，傳說於「舊聖誕節」出生的男性十分地幸運，而且會使用動物的語言與牠們溝通。

聖誕節這天附屬之物是七面鳥，此外還須準備蘋果、葡萄干、絞肉做成的碎肉派，如果不吃它的話，第二年將會有不吉利的事發生，因此，從聖誕節至元旦，為了幸運，幾乎每個人都會吃它，也因而這個月的碎肉派十分搶手。

遊戲比賽

有兩張A和8出現時，要注意……

說到遊戲方面的迷信以撲克牌最多。例如，遊戲開始時，若掉了牌，運氣也會跟著不順。如果輸了，從椅子上站起來，由左向右繞自己的椅子一圈，太陽的力量就會環繞在你身邊，或是在你的座位舖一條手帕，然後坐在上面，你的心情會感覺很好——類似像這樣種種的傳說。

還有，在Poker的撲克牌的遊戲中，如果有兩張A和8的話，據說運氣會不好。

此外，在運動比賽中，若開賽前看到了黑貓，必定會贏得勝利。在棒球或高爾夫球的比賽中，經常帶著吉祥的動物或東西的話，特別是棒球選手，帶著叫Teddy beer的熊在身邊，將會招來幸運。

至於網球比賽中，若球中網而彈回來的話，切記不可將球拾起來，如果這樣的話，你整個比賽的運氣，就跟著不順了。

若是賽車比賽的話，千萬不要乘坐綠色的車，因為它會為你招來惡運。

結婚典禮

結婚典禮前幾天，若聽到貓的噴嚏聲的話……

據說，六月新娘是最幸福的。因為古羅馬時代，守護神將諾即是在六月一日和愛人結婚的。但是，千萬不要五月結婚，因為五月是祭拜死者的月份，若是五月結婚的話，將會後悔——像這樣的傳說傳說著。

在英國這個地方，關於什麼時候結婚，流行像這樣的一首詩。

「星期一結婚代表健康，星期二結婚代表富裕，星期三結婚代表擁有一切，星期四結婚代表苦難，星期五結婚代表會有損失，星期六結婚代表無法白頭偕老。」

結婚典禮當天，若是陽光普照，表示受太陽之子的庇蔭，將會有段美滿幸福的婚姻，此外，結婚前幾天若聽到貓的噴嚏聲，也同樣表示婚姻會十分地美滿。

新娘的新娘禮服，若用白色表純潔會有好兆頭，若是綠色，恐會帶來不幸。還有，新娘身上最好帶有古的東西，新的東西，和與別人借來的東西，以及綠色的東西。因為古的東西表過去，新的東西表未來，借來的東西表現在，綠色的東西表清純，然後再將這幾樣東西結在一塊兒。

關於結婚，還有下面種種傳說。

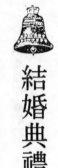

——如果再穿一次結婚禮服，你就不會離婚而再次結婚了。下列有兩種方法是教已婚婦女如何去做。

——若在燒飯煮菜時，菜刀掉下來即表示會和先生吵架。另外，將先生穿過的鞋埋於門口，先生絕不會對你過份殘暴了。

愛人

用削完的蘋果皮來暗示愛人的名字

自古，戀愛中的男女想要無時無刻佔有對方，因此，表愛、生殖與美象徵的蘋果，經常被派上用場。「愛，不愛……」如果數著蘋果數，這樣邊數邊算，即可知道愛人心裡到底愛不愛你。或是，不要將蘋果皮削得過長，削到某個程度，向自己的左肩，將蘋果皮垂到床上，皮就會依著床形描繪出圖形來，根據其形看它最高向羅馬字母的那個字，就可猜出愛人名字的第一個字。

圍裙與愛情之間的傳說也十分多。例如，圍裙掉了，即表示有人在想你，若在洗衣服時，沾溼了繫在身上的圍裙，即表示有人要向你求婚。

戀愛中的人，喝紅茶及咖啡時也要特別注意。先放奶精再放砂糖，表示會有第三者介入。若是寫的信沒收到，表示這段感情可能會面臨結束。

如果你想和有錢少爺結婚的話，新月的晚上去墓地，一邊許願、一邊將叉子叉入墓碑。

銅板

在口袋裝有硬幣的話，可以實現願望

在日本，贈送別人錢包時，將會有發財的事產生，因此，常常在裡面裝入一枚五元銅板。歐美各國也是同樣傳說著，而在裡面放一枚硬幣常做禮物。

在英國某些地方，結婚典禮時，新郎在新娘的鞋裡放一枚硬幣，將永遠過著幸福美滿的日子。

如果想要許願，可於新月或滿月時，一邊看著月亮，一邊將口袋的硬幣，翻轉過來，這樣你就如願以償達成願望了。

鹽

鹽有驅魔消災的作用

自古，鹽是極為神聖的東西。都相信它具有驅逐惡魔、消災除厄的作用。在中歐Hungary這個地方，搬新家時要在門口撒些鹽巴，這樣魔女和惡魔就無法進這個家了。

又，撒鹽時有些傳說，若有惡魔在的地方，馬上用右手抓起鹽巴，越過左肩撒去。因為西洋各國均相信，右側住著神，左側住著惡魔，若將鹽越過左肩撒去，即可驅逐惡魔。

鹽除了剛剛所述之外，還用在友情與招待方面。例如，朋友喬遷之喜，持一箱鹽做為餽贈之品，就可永保財產不會失去，這也是源於鹽可以保存食物的功能。

餐具

吃飯時，叉子掉落於地……

刀子、叉子、湯匙等餐具的有關傳說也十分多，其中牽涉到教養的問題最普遍。例如，在嘴中將叉子翻轉過來就會有不祥的事發生。如果將刀子交叉放於桌上，也會有不好的事發生——類似這樣的迷信。

吃飯時，若掉了刀子表示有男性訪客來訪，若掉了叉子表示有女性訪客來訪。

如果不是吃飯的刀子，借了若沒有歸還的話，你們之間的友情就會因而中斷了。

數字

一根火柴要點燃三個人的煙時、要注意……

在日本或在西洋，數字代表的含義相當廣泛。例如：「有二就會有三」像這種表現方式幾乎都可以看得到。而「三」這個數字，自古就是「完全數」的表現意思。

但是也有相反的傳說，例如，基督教的葬禮儀式，就用一根燈心點燃蠟燭，因此，若一根火柴三個人使用的話，也會招來不吉利的事。今天在歐美各國，仍留有這種習慣，若一根火柴或一個打火機要點三個人的煙時，必先點完二人以後再重新燃火點燃第三個人的煙。

此外，「7」代表幸運數字；「13」代表不吉利的數字，這是比較有名且衆所皆知的事。「7」即表神的「3」與表自然的「4」相加一起而來的。至於「13」為何是不吉利的數字，就是基督教裡最後晚餐中，圍著餐桌總共有十三個人。

因此，如果一個桌子十三個人圍著吃飯的話，那一年其中有一位將會死掉。為了避免這種不吉利的事發生，必須於吃飯前全體起立，由一人代表唸一段咒語來避邪。

此外，「5」這個數字，由於星形五角形可以對付惡魔，因此對於咒術施法者，是一個極重要的數字。

月

看見三天月亮後，給最初見面的人一個吻……

自古，月亮即是女神的象徵，一直被人們如此相信而崇拜著。因此，月缺時，就關係著人類的生與死，以及影響農作物的收穫。

關於月缺的種種傳說比較多。例如在英國等地，傳說看見新月三次或九次，將會有幸運之事降臨身上。但是若用望遠鏡而看到新月的話，就會招來不幸。為了能招來幸運，第一次看到新月時，最好將口袋裡的硬幣翻轉過來。

在美國有些地方，看見三天月亮後，給最初見面的人一個吻，這樣你就可如願以償達成心中所想了。

此外，於滿月時候治病，就能快速痊癒。若於滿月以後結婚，就無法有小孩——種種關於這種迷信傳說著。

也有像那樣的傳說——於明亮的夜晚賺來的錢會有麻煩。

一般說來，歐美各國對月亮的感覺，十分不好，因此傳說「長時間看著月亮的話，會變神經病」，因而孕育出一些不吉的迷信。

釣魚

吹西風，大魚難上鈎；吹東風，恐怕釣不到魚……

古時英國流行這樣一首詩。

——吹南風，魚兒會上鈎，吹東風，魚兒難上鈎。吹北風，切記不可出門兒。吹西風，大魚最難入網中。

滿月的時候，魚兒最容易上鈎。但是數著魚兒釣了幾條的話，今天恐怕釣不到魚了。

了。

在日本，釣魚時若帶著鹹梅干，恐怕沒什麽收穫了。像這樣的迷信，日本人幾乎衆所皆知。

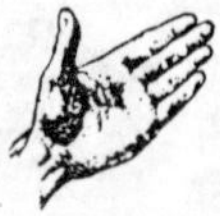

手

左手手掌癢的話，表示有散財徵兆……

手是咒術中非常重要的角色，以前在人前宣誓時，就是舉起右手然後去保證自己的真實性。

在英國等地，如果手掌大而厚的話，即表示這個人性格十分勇敢，若是小而薄的話，這個人可能體弱多病。像這樣常常用手的樣子來看一個人的性格。

另外，手掌會癢暗示著什麽呢？若是右手手掌的話，即表示不久有錢要進來或是有朋友的來信。若是左手手掌的話，即表示你可能要破費了。若不是手掌而是手的話，右手會癢，表示你會收到某人送你禮物了。

如果手提袋掉在路上，千萬别撿起來。為什麽呢？手提袋乃是地面上所置的挑戰，若拾起，就會招來惡運。

鳥

烏鴉若停於土牆上鳴叫，表示雨將停……

鳥是一種能夠預告天氣變化及暗示人類死亡的動物。因此，依照飛行方向及鳴叫方向，即可知道牠暗示些什麼。

烏鴉若停於土牆上鳴叫表示雨將停，若停於地面上鳴叫表示將會下雨。若白鳥將頭埋於羽毛裡，表示山風欲來之徵兆。如果鳩停於窗邊，表示有人最近會去世——這些是代表性的傳說。

名字

和第一個字母跟自己一樣的人結婚，不會有好結果……

在日本，幫出生嬰兒取名字時，必會讀姓名判斷的書籍，從中選擇幸運的筆畫與名字。姓或名若其中一個是七個字母，將會招來幸運，若是十三個字，恐怕會有不吉的事發生，通常這種情形下都會再加上一個字。

如果結婚對象，其名字的第一個字和自己一樣，傳說這將會是一樁不幸的姻緣。

貓

若有貓跟在身後走，將會帶來財運

傳說中，黑貓若突然橫過正在走路的你的面前，表示這是不好之事發生的前兆。直到現代，這種傳說還被大家迷信著。因為，這是源於中世時候，黑貓總是伏於魔女的手上，才讓人對黑貓產生不吉之感。

但是，並非所有的貓都表示惡魔的象徵。灰色貓就表幸運，此外，若貓跟在你身後，表示最近將會有財運。像種種類似這樣的傳說，十分多。

貓和天氣也有極大關係，例如，黑色瞳孔突然變大，表示將會下雨——如此傳說著。

如果夢見貓，表示壞朋友會來找你，最好稍微留心一下比較好。

睡覺時

夢見新床，表示好夢……

有人若夜晚無法入眠，我們都會教他「一隻羊、二隻羊……」用數羊方法進入夢鄉。但是美國卻有些地方，數到二千三百隻還睡不著時，最好想像，天空有一隻很大的烏鴉飛過，這樣你就會好夢連連。

如果你很想第二天起記住所有的夢，最好於睡前將鞋子放入帽裡，之後置其床尾腳邊處。如果你夢到新床、新家，表示你有機會實現夢中的東西。

夢裡發生的事，你記住了幾個呢！

- 如果連續三天夢到死亡的夢，表示不久家人有人會逝世。
- 夢到蛋的夢，表示有人對你說謊。
- 夢到魚的夢，表示不久將有小孩。
- 夢到從山上滾下來的夢，第二天將有不好事發生。
- 夢到蛇的夢，第二天，將會有人與你為敵。
- 夢到拔牙的夢，將會失去親友。
- 夢到泥中步行，表示不久將會生病。

牙齒

有齒縫的人，一生都可過幸運快樂的日子……

在歐洲有些地方，常常以牙齒來研判一個人。一般說來，擁有大顆牙齒的人身心較健全，小顆牙齒的人，較謹慎，有齒縫的人，一生都可以過著幸運快樂的日子。

而在日本卻與歐洲相反，若門牙有齒縫的人，就容易於年幼時即與雙親死別。

關於牙齒也有種種傳說，大概說來，不能算是好事，但卻暗示著最近有傷心事發生。

生日蛋糕

若一口氣將蠟燭吹熄……

生日蛋糕為何是圓的呢?因為於古時候，每月的六日為了慶祝月和狩獵的女神Artemis的生日，人們將蜂蜜裝入圓形的盒裡，送給她，這就是蛋糕是圓形的由來。

經常我們慶祝生日時，圓形生日蛋糕上擺著小蠟燭。而小孩出生時，我們也習慣送蛋糕慶祝。

至於何時開始，必須一口氣吹熄蛋糕上的蠟燭已無據可考，據說如果這樣做就可達成心中願望。

鼻子

如果鼻子會癢，表示不久將接受盛宴款待……

自古以來，人類相信鼻子的形狀與大小，和性格息息相關。就人相學來說，大鼻子的人聰明、溫和；塌鼻子的人驕傲、單純；鼻形尖的人善妒、欠判斷力；鼻尖朝上的人明朗、活潑——種種傳說傳說著。

然而，鼻子如果會癢，是表示什麼事的前兆呢？在英國某些地方，表示有客人造訪。而有些地方卻表示最近你可能有飲酒作樂的機會。

此外，英國地方流傳只流一滴鼻血，表示有死亡或是重病徵兆，若是流三滴，表示將有壞事發生。但是，女孩若流鼻血的話，據說心中藏有心儀的人。

Halloween萬聖節

用果核卜吉凶

十月三十一日晚上舉行萬聖節慶典，這在日本是十分普遍流行的。這是源自於西元前七世紀Celte民族，於萬聖節前夕，舉行聖者祭典而產生的。

在Celte民族所用的日曆上，是以十一月一日為一年的開始，即元旦。然而這一天的前夕，也就是十月三十一日晚上，所有這一年死去的靈魂都會回來，因此可能會有某些審判要改判，這一夜，所有的惡靈、惡魔齊聚一堂大開饗宴，人類為了能從這些魔物身上尋求庇護，於是在山頂上燃燒聖火。

隨著時代的改變，祭典方式也跟著不同，讓小孩戴著妖魔鬼怪的面具（象徵惡魔及妖怪），提著裝有蠟燭的燈籠（象徵聖火），挨家挨戶走。

而對Celte民族來說，於除夕的晚上，人們可以用蘋果或核桃來占卜新一年的吉凶。

於水桶裡盛些水，然後放入數個蘋果，然後用手隨便抓一個，如果抓到最大的一個，表示今年運氣十分暢順。

和愛人一起將核桃放入暖爐燃燒，如果兩顆核桃並排排列成灰的話，表示兩人可以結婚過著幸福美滿的日子，直到現在，歐洲各地，於萬聖節晚上仍有用上述方法占卜命運的。

麵包

如果麵包掉在地上，塗奶油的那一面朝下的話……

麵包發明於西元前四千年前的埃及，它是維持人類生命的糧食。而耶穌基督於最後晚餐時，曾將自己的肉體比喻成咬碎的麵包，因此於基督教裡，有所謂的「聖麵包」在禮拜天做禮拜時，將麵包撕碎分發給每一個人。

這個擁有愛、犧牲奉獻、健康以及消災除魔的聖餐儀式，和麵包相關的傳說就因而產生了。以下，介紹其中幾個給大家認識。

・如果麵包掉在地上，塗奶油部分朝下，即表示惡運連連，貧窮接踵而至。

・烘烤麵包時，若邊緣烤焦了，日落以前將有吃驚之事發生。

・如果吃麵包的邊緣，可以讓頭髮長得快些。

生病

將頭往後仰，吊著大門鑰匙可以止住鼻血……

以前人相信，生病和惡魔有極大的關係，因此為了驅逐惡魔，舉行了各式各樣不同的儀式，此外，長年的經驗累積，漸漸地使用動物、植物做成的藥來治病。像這樣的咒術治療法，在民間十分盛行，這也是漢藥方的先驅。

以下介紹幾種治療法。

首先，用砂糖混合洋蔥一起煮，可以治感冒。用無花果和白楊的葉包住喉嚨，可以治腮腺炎。將青蛙的頭磨成粉喝下，可以退燒。也可以用研磨成碎末的洋蔥放入濕布，敷在腹部、脇下、足裡或手掌，即能退燒。將生馬鈴薯切成片，敷於患處，可以治療火傷。

此外，也有十分有趣的治療法，早上六點前用牛奶洗臉，可治黑斑。儘量將舌頭伸長，數到十，即可治療打嗝。若要止住鼻血，可以將頭往後仰，吊著大門鑰匙……等。

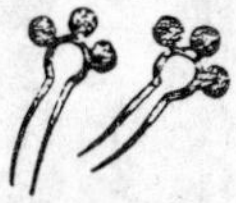

別針

如果不將掉落的別針拾起的話，好運就會跑掉……

在歐美各國傳說要持續友情的話，須饋贈別針或髮夾給朋友。如果送給朋友別針，友誼仍出現裂痕，記得下回送別針時要記得說：「這個別針不是給你的，而是借給你九十九年。」像這樣說就一定沒問題。

許多古詩上有記載，若拾起掉落的別針，今天一整天將會充滿幸運。若沒有的話，今天裡將會有壞事發生。但也有另一種說法，走在路上，若掉落的別針尖端朝人的方向，表示吉，若方向正好相反，則表示凶。

掃把

在工作對手的腳邊使用掃把，可發揮無比的威力……

掃把是夜晚魔女乘坐在天空飛行的工具，因此，自古即能發揮強而有力的威力。傳說不能一邊放在地板，一邊騎它。

買新掃把時最好叫人送來。如果自己帶回來的話，恐怕會招來不幸。

此外，家裡大掃除時，不能將垃圾掃出門外，這樣你的好運與財運也跟著掃出去了。

還有一種傳說，若工作中遭逢對手，即可在其腳邊使用掃把，不出三年，那個人就會辭職不幹了。

鈕釦

將鈕釦拾起放入鞋內，就會有約會……

在美國某些地方，鈕釦代表幸福的象徵。因此，那個地方的少女們，經常收集各式各樣不同的鈕釦做成項鍊，帶來幸福的同時，也可做為庇佑的守護神。

但是相同的鈕釦，若顏色不同也有不同涵義，像黑色鈕釦具有魔法，拾起的話，會得病，最好遠離。

此外，在歐美各國，看到鈕釦最好將它放入鞋內，這樣，那一天將會有約會的邀約。縫鈕釦時，若線打結，即表示有人正在談論有關你的事。

耳朵

左耳發熱，表示有人在恨你

如果耳朵至臉頰發燙時，即表示有人對你不滿，正在說你的壞話。因此，傳說如果是右耳發燙表示愛，左耳發燙表示恨。可是如果在夜晚，不管是右耳或左耳，表示有好事將發生。如果左耳發燙時，記得馬上在耳上劃上三次十字，即能咬住中傷你的人的舌頭。

此外，還有一種傳說，如果不想讓耳根軟，聽進不好的消息，就用小指沾點唾液描繪十字架，再用那根指頭摸著耳朵，即能從惡魔之處得到庇護。

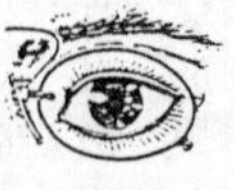

眼睛

右眼癢時，表示有人愛著你……

據說眼睛是傳達愛情最有力的東西。有一種傳說，當你右眼發癢時，表示有人愛著你。

另外，也有別的傳說，右眼發癢時，表示不久有傷心事要發生，若左眼發癢時，表示有趣的事將發生。

如果你正為某事煩惱不已時，可以點燃一根火柴，先用右眼凝視火柴，當它燃燒至一半再換左眼凝視，這樣你的煩惱就會跟著消失了。

指頭

大拇指若能往後彎，表示這個人具浪費癖……

大拇指若會癢，表示即將有人來訪的預兆。如果大拇指可以往後彎，即表示這個人浪費成性，存不了錢。像這樣暗示某些事情時，大拇指經常被拿來比喻。

但也有關於小指的傳說。如果兩人同時說出一件事，兩人勾勾小指許個願，那個願望就能實現。

大展出版社有限公司　圖書目錄

地址：台北市北投區11204
致遠一路二段12巷1號
電話：（02）8236031
8236033
郵撥： 0166955～1
傳眞：（02）8272069

・法律專欄連載・電腦編號58

台大法學院　法律學系／策劃
法律服務社／編著

①別讓您的權利睡著了[1]	180元
②別讓您的權利睡著了[2]	180元

・婦 幼 天 地・電腦編號16

①八萬人減肥成果	黃靜香譯	150元
②三分鐘減肥體操	楊鴻儒譯	130元
③窈窕淑女美髮秘訣	柯素娥譯	130元
④使妳更迷人	成　玉譯	130元
⑤女性的更年期	官舒妍編譯	130元
⑥胎內育兒法	李玉瓊編譯	120元
⑦愛與學習	蕭京凌編譯	120元
⑧初次懷孕與生產	婦幼天地編譯組	180元
⑨初次育兒12個月	婦幼天地編譯組	180元
⑩斷乳食與幼兒食	婦幼天地編譯組	180元
⑪培養幼兒能力與性向	婦幼天地編譯組	180元
⑫培養幼兒創造力的玩具與遊戲	婦幼天地編譯組	180元
⑬幼兒的症狀與疾病	婦幼天地編譯組	180元
⑭腿部苗條健美法	婦幼天地編譯組	150元
⑮女性腰痛別忽視	婦幼天地編譯組	130元
⑯舒展身心體操術	李玉瓊編譯	130元
⑰三分鐘臉部體操	趙薇妮著	120元
⑱生動的笑容表情術	趙薇妮著	120元
⑲心曠神怡減肥法	川津祐介著	130元
⑳內衣使妳更美麗	陳玄茹譯	130元

・青 春 天 地・電腦編號17

①A血型與星座	柯素娥編譯	120元

②B血型與星座　柯素娥編譯　120元
③O血型與星座　柯素娥編譯　120元
④AB血型與星座　柯素娥編譯　120元
⑤青春期性教室　呂貴嵐編譯　130元
⑥事半功倍讀書法　王毅希編譯　130元
⑦難解數學破題　宋釗宜編譯　130元
⑧速算解題技巧　宋釗宜編譯　130元
⑨小論文寫作秘訣　林顯茂編譯　120元
⑩視力恢復！超速讀術　江錦雲譯　130元
⑪中學生野外遊戲　熊谷康編著　120元
⑫恐怖極短篇　柯素娥編譯　130元
⑬恐怖夜話　小毛驢編譯　130元
⑭恐怖幽默短篇　小毛驢編譯　120元
⑮黑色幽默短篇　小毛驢編譯　120元
⑯靈異怪談　小毛驢編譯　130元
⑰錯覺遊戲　小毛驢編譯　130元
⑱整人遊戲　小毛驢編譯　120元
⑲有趣的超常識　柯素娥編譯　130元
⑳哦！原來如此　林慶旺編譯　130元
㉑趣味競賽100種　劉名揚編譯　120元
㉒數學謎題入門　宋釗宜編譯　150元
㉓數學謎題解析　宋釗宜編譯　150元
㉔透視男女心理　林慶旺編譯　120元
㉕少女情懷的自白　李桂蘭編譯　120元
㉖由兄弟姊妹看命運　李玉瓊編譯　130元
㉗趣味的科學魔術　林慶旺編譯　150元
㉘趣味的心理實驗室　李燕玲編譯　150元
㉙愛與性心理測驗　小毛驢編譯　130元
㉚刑案推理解謎　小毛驢編譯　130元
㉛偵探常識推理　小毛驢編繹　130元

•健康天地• 電腦編號18

①壓力的預防與治療　柯素娥編譯　130元
②超科學氣的魔力　柯素娥編譯　130元
③尿療法治病的神奇　中尾良一著　130元
④鐵證如山的尿療法奇蹟　廖玉山譯　120元
⑤一日斷食健康法　葉慈容編譯　120元
⑥胃部強健法　陳炳崑譯　120元
⑦癌症早期檢查法　廖松濤譯　130元

⑧老人痴呆症防止法　柯素娥編譯　130元
⑨松葉汁健康飲料　陳麗芬編譯　130元

•超現實心理講座•電腦編號22

①超意識覺醒法　詹蔚芬編譯　130元
②護摩秘法與人生　劉名揚編譯　130元
③秘法！超級仙術入門　陸　明譯　150元

•心　靈　雅　集•電腦編號00

①禪言佛語看人生　松濤弘道著　150元
②禪密教的奧秘　葉逯謙譯　120元
③觀音大法力　田口日勝著　120元
④觀音法力的大功德　田口日勝著　120元
⑤達摩禪106智慧　劉華亭編譯　150元
⑥有趣的佛教研究　葉逯謙編譯　120元
⑦夢的開運法　蕭京凌譯　130元
⑧禪學智慧　柯素娥編譯　130元
⑨女性佛教入門　許俐萍譯　110元
⑩佛像小百科　心靈雅集編譯組　130元
⑪佛教小百科趣談　心靈雅集編譯組　120元
⑫佛教小百科漫談　心靈雅集編譯組　150元
⑬佛教知識小百科　心靈雅集編譯組　150元
⑭佛學名言智慧　松濤弘道著　180元
⑮釋迦名言智慧　松濤弘道著　180元
⑯活人禪　平田精耕著　120元
⑰坐禪入門　柯素娥編譯　120元
⑱現代禪悟　柯素娥編譯　130元
⑲道元禪師語錄　心靈雅集編譯組　130元
⑳佛學經典指南　心靈雅集編譯組　130元
㉑何謂「生」　阿含經　心靈雅集編譯組　130元
㉒一切皆空　般若心經　心靈雅集編譯組　130元
㉓超越迷惘　法句經　心靈雅集編譯組　130元
㉔開拓宇宙觀　華嚴經　心靈雅集編譯組　130元
㉕真實之道　法華經　心靈雅集編譯組　130元
㉖自由自在　涅槃經　心靈雅集編譯組　130元
㉗沈默的教示　維摩經　心靈雅集編譯組　130元
㉘開通心眼　佛語佛戒　心靈雅集編譯組　130元
㉙揭秘寶庫　密教經典　心靈雅集編譯組　130元
㉚坐禪與養生　廖松濤譯　110元

㉛釋尊十戒	柯素娥編譯	120元
㉜佛法與神通	劉欣如編著	120元
㉝悟（正法眼藏的世界）	柯素娥編譯	120元
㉞只管打坐	劉欣如編譯	120元
㉟喬答摩・佛陀傳	劉欣如編著	120元
㊱唐玄奘留學記	劉欣如編譯	120元
㊲佛教的人生觀	劉欣如編譯	110元
㊳無門關（上卷）	心靈雅集編譯組	150元
㊴無門關（下卷）	心靈雅集編譯組	150元
㊵業的思想	劉欣如編著	130元
㊶		

・經 營 管 理・電腦編號01

◎創新經營六十六大計（精）	蔡弘文編	780元
①如何獲取生意情報	蘇燕謀譯	110元
②經濟常識問答	蘇燕謀譯	130元
③股票致富68秘訣	簡文祥譯	100元
④台灣商戰風雲錄	陳中雄著	120元
⑤推銷大王秘錄	原一平著	100元
⑥新創意・賺大錢	王家成譯	90元
⑦工廠管理新手法	琪　輝著	120元
⑧奇蹟推銷術	蘇燕謀譯	100元
⑨經營參謀	柯順隆譯	120元
⑩美國實業24小時	柯順隆譯	80元
⑪撼動人心的推銷法	原一平著	120元
⑫高竿經營法	蔡弘文編	120元
⑬如何掌握顧客	柯順隆譯	150元
⑭一等一賺錢策略	蔡弘文編	120元
⑮世界經濟戰爭	約翰・渥洛諾夫著	120元
⑯成功經營妙方	鐘文訓著	120元
⑰一流的管理	蔡弘文編	150元
⑱外國人看中韓經濟	劉華亭譯	150元
⑲企業不良幹部群相	琪輝編著	120元
⑳突破商場人際學	林振輝編著	90元
㉑無中生有術	琪輝編著	140元
㉒如何使女人打開錢包	林振輝編著	100元
㉓操縱上司術	邑井操著	90元
㉔小公司經營策略	王嘉誠著	100元
㉕成功的會議技巧	鐘文訓編譯	100元
㉖新時代老闆學	黃柏松編著	100元

㉗如何創造商場智囊團	林振輝編譯	150元
㉘十分鐘推銷術	林振輝編譯	120元
㉙五分鐘育才	黃柏松編譯	100元
㉚成功商場戰術	陸明編譯	100元
㉛商場談話技巧	劉華亭編譯	120元
㉜企業帝王學	鐘文訓譯	90元
㉝自我經濟學	廖松濤編譯	100元
㉞一流的經營	陶田生編著	120元
㉟女性職員管理術	王昭國編譯	120元
㊱ＩＢＭ的人事管理	鐘文訓編譯	150元
㊲現代電腦常識	王昭國編譯	150元
㊳電腦管理的危機	鐘文訓編譯	120元
㊴如何發揮廣告效果	王昭國編譯	150元
㊵最新管理技巧	王昭國編譯	150元
㊶一流推銷術	廖松濤編譯	120元
㊷包裝與促銷技巧	王昭國編譯	130元
㊸企業王國指揮塔	松下幸之助著	120元
㊹企業精銳兵團	松下幸之助著	120元
㊺企業人事管理	松下幸之助著	100元
㊻華僑經商致富術	廖松濤編譯	130元
㊼豐田式銷售技巧	廖松濤編譯	120元
㊽如何掌握銷售技巧	王昭國編著	130元
㊾一分鐘推銷員	廖松濤譯	90元
㊿洞燭機先的經營	鐘文訓編譯	150元
51ＩＢＭ成功商法	巴克・羅傑斯著	130元
52新世紀的服務業	鐘文訓編譯	100元
53成功的領導者	廖松濤編譯	120元
54女推銷員成功術	李玉瓊編譯	130元
55ＩＢＭ人才培育術	鐘文訓編譯	100元
56企業人自我突破法	黃琪輝編著	150元
57超級經理人	羅拔・海勒著	100元
58財富開發術	蔡弘文編著	130元
59成功的店舖設計	鐘文訓編著	150元
60靈巧者成功術	鐘文訓編譯	150元
61企管回春法	蔡弘文編著	130元
62小企業經營指南	鐘文訓編譯	100元
63商場致勝名言	鐘文訓編譯	150元
64迎接商業新時代	廖松濤編譯	100元
65透視日本企業管理	廖松濤　譯	100元
66新手股票投資入門	何朝乾　編	150元
67上揚股與下跌股	何朝乾編譯	150元

㊳股票速成學	何朝乾編譯	180元
㊴理財與股票投資策略	黃俊豪編著	180元
㊵黃金投資策略	黃俊豪編著	180元
㊶厚黑管理學	廖松濤編譯	180元
㊷股市致勝格言	呂梅莎編譯	180元
㊸透視西武集團	林谷燁編譯	150元
㊹推銷改變我的一生	柯素娥　譯	120元
㊺推銷始於被拒	盧媚璟　譯	120元
㊻巡迴行銷術	陳蒼杰譯	150元
㊼推銷的魔術	王嘉誠譯	120元
㊽60秒指導部屬	周蓮芬編譯	150元
㊾精銳女推銷員特訓	李玉瓊編譯	130元
㊿企劃、提案、報告圖表的技巧	鄭　汶　譯	180元
81海外不動產投資	許達守編譯	150元
82八百件的世界策略	李玉瓊譯	150元
83服務業品質管理	吳宜芬譯	180元
84零庫存銷售	黃東謙編譯	150元
85三分鐘推銷管理	劉名揚編譯	150元
86推銷大王奮鬥史	原一平著	150元
87豐田汽車的生產管理	林谷燁編譯	元

•成功寶庫• 電腦編號02

①上班族交際術	江森滋著	100元
②拍馬屁訣竅	廖玉山編譯	110元
③一分鐘適應法	林曉陽譯	90元
④聽話的藝術	歐陽輝編譯	110元
⑤人心透視術	多湖輝著	100元
⑥克服逆境的智慧	廖松濤　譯	100元
⑦不可思議的人性心理	多湖輝　著	120元
⑧成功的人生哲學	劉明和　譯	120元
⑨求職轉業成功術	陳　義編著	110元
⑩上班族禮儀	廖玉山編著	120元
⑪接近心理學	李玉瓊編著	100元
⑫創造自信的新人生	廖松濤編著	120元
⑬卡耐基的人生指南	林曉鐘編譯	120元
⑭上班族如何出人頭地	廖松濤編著	100元
⑮神奇瞬間瞑想法	廖松濤編譯	100元
⑯人生成功之鑰	楊意苓編著	150元
⑰當一個享受成功的人	戴恆雄編著	100元
⑱潛在心理術	多湖輝　著	100元

⑲給企業人的諍言	鐘文訓編著	120元
⑳企業家自律訓練法	陳　義編譯	100元
㉑上班族妖怪學	廖松濤編著	100元
㉒猶太人縱橫世界的奇蹟	孟佑政編著	110元
㉓訪問推銷術	黃静香編著	130元
㉔改運的秘訣	吳秀美　譯	120元
㉕你是上班族中強者	嚴思圖編著	100元
㉖向失敗挑戰	黃静香編著	100元
㉗成功心理學	陳蒼杰　譯	100元
㉘墨菲成功定律	吳秀美　譯	130元
㉙機智應對術	李玉瓊編著	130元
㉚成功頓悟100則	蕭京凌編譯	130元
㉛掌握好運100則	蕭京凌編譯	110元
㉜知性幽默	李玉瓊編譯	130元
㉝熟記對方絕招	黃静香編譯	100元
㉞男性成功秘訣	陳蒼杰編譯	130元
㉟超越巔峯者	C・加菲爾德著	130元
㊱業務員成功秘方	李玉瓊編著	120元
㊲察言觀色的技巧	劉華亭編著	130元
㊳一流領導力	施義彥編譯	120元
㊴一流說服力	李玉瓊編著	130元
㊵30秒鐘推銷術	廖松濤編譯	120元
㊶猶太成功商法	周蓮芬編譯	120元
㊷尖端時代行銷策略	陳蒼杰編著	100元
㊸顧客管理學	廖松濤編著	100元
㊹如何使對方說Yes	程　羲編著	150元
㊺如何提高工作效率	劉華亭編著	150元
㊻企業戰術必勝法	黃静香編著	130元
㊼上班族口才學	楊鴻儒譯	120元
㊽上班族新鮮人須知	程　羲編著	120元
㊾如何左右逢源	程　羲編著	130元
㊿語言的心理戰	多湖輝著	130元
51扣人心弦演說術	劉名揚編著	120元
52八面玲瓏成功術	陳　羲譯	130元
53如何增進記憶力、集中力	廖松濤譯	130元
54頂尖領導人物	陳蒼杰譯	120元
55性惡企業管理學	陳蒼杰譯	130元
56自我啟發200招	楊鴻儒編著	150元
57做個傑出女職員	劉名揚編著	130元
58靈活的集團營運術	楊鴻儒編著	120元
59必勝交涉強化法	陳蒼杰譯	120元

⑥⓪個案研究活用法	楊鴻儒編著	130元
⑥①企業教育訓練遊戲	楊鴻儒編著	120元
⑥②管理者的智慧	程　義編譯	130元
⑥③做個佼佼管理者	馬筱莉編譯	130元
⑥④智慧型說話技巧	沈永嘉編譯	130元
⑥⑤歌德人生箴言	沈永嘉編譯	150元
⑥⑥活用佛學於經營	松濤弘道著	150元
⑥⑦活用禪學於企業	柯素娥編譯	130元
⑥⑧詭辯的智慧	沈永嘉編譯	130元
⑥⑨幽默詭辯術	廖玉山編譯	130元
⑦⓪拿破崙智慧箴言	柯素娥編譯	130元
⑦①自我培育・超越	蕭京凌編譯	150元
⑦②深層心理術	多湖輝著	130元
⑦③深層語言術	多湖輝著	130元
⑦④時間即一切	沈永嘉編譯	130元
⑦⑤自我脫胎換骨	柯素娥譯	150元
⑦⑥贏在起跑點—人才培育鐵則	楊鴻儒編譯	150元
⑦⑦做一枚活棋	李玉瓊編譯	130元
⑦⑧面試成功戰略	柯素娥編譯	130元
⑦⑨自我介紹與社交禮儀	柯素娥編譯	130元
⑧⓪說NO的技巧	廖玉山編譯	130元
⑧①瞬間攻破心防法	廖玉山編譯	120元
⑧②改變一生的名言	李玉瓊編譯	130元
⑧③性格性向創前程	楊鴻儒編譯	130元
⑧④訪問行銷新竅門	廖玉山編譯	150元
⑧⑤無所不達的推銷話術	李玉瓊編譯	150元

・處世智慧・ 電腦編號03

①如何改變你自己	陸明編譯	90元
②人性心理陷阱	多湖輝著	90元
③面對面的心理戰術	多湖輝著	90元
④幽默說話術	林振輝編譯	120元
⑤讀書36計	黃柏松編譯	110元
⑥靈感成功術	譚繼山編譯	80元
⑦如何使人對你好感	張文志譯	110元
⑧扭轉一生的五分鐘	黃柏松編譯	100元
⑨知人、知面、知其心	林振輝譯	110元
⑩現代人的詭計	林振輝譯	100元
⑪怎樣突破人性弱點	摩　根著	90元
⑫如何利用你的時間	蘇遠謀譯	80元

⑬口才必勝術	黃柏松編譯	120元
⑭女性的智慧	譚繼山編譯	90元
⑮如何突破孤獨	張文志編譯	80元
⑯人生的體驗	陸明編譯	80元
⑰微笑社交術	張芳明譯	90元
⑱幽默吹牛術	金子登著	90元
⑲攻心說服術	多湖輝著	100元
⑳當機立斷	陸明編譯	70元
㉑勝利者的戰略	宋恩臨編譯	80元
㉒如何交朋友	安紀芳編著	70元
㉓鬥智奇謀（諸葛孔明兵法）	陳炳崑著	70元
㉔慧心良言	亦　奇著	80元
㉕名家慧語	蔡逸鴻主編	90元
㉖金色的人生	皮爾著	80元
㉗稱霸者啟示金言	黃柏松編譯	90元
㉘如何發揮你的潛能	陸明編譯	90元
㉙女人身態語言學	李常傳譯	100元
㉚摸透女人心	張文志譯	90元
㉛現代戀愛秘訣	王家成譯	70元
㉜給女人的悄悄話	妮倩編譯	90元
㉝行為語言的奧秘	歆夫編譯	110元
㉞如何開拓快樂人生	陸明編譯	90元
㉟驚人時間活用法	鐘文訓譯	80元
㊱成功的捷徑	鐘文訓譯	70元
㊲幽默逗笑術	林振輝著	120元
㊳活用血型讀書法	陳炳崑譯	80元
㊴心　燈	葉于模著	100元
㊵當心受騙	林顯茂譯	90元
㊶心・體・命運	蘇燕謀譯	70元
㊷如何使頭腦更敏銳	陸明編譯	70元
㊸宮本武藏五輪書金言錄	宮本武藏著	100元
㊹厚黑說服術	多湖輝著	90元
㊺勇者的智慧	黃柏松編譯	80元
㊻善意的心理騙術	多湖輝著	75元
㊼成熟的愛	林振輝譯	120元
㊽現代女性駕馭術	蔡德華著	90元
㊾禁忌遊戲	酒井潔著	90元
㊿自我表現術	多湖輝著	100元
51女性的魅力・年齡	廖玉山譯	90元
52摸透男人心	劉華亭編譯	80元
53如何達成願望	謝世輝著	90元

㊹創造奇蹟的「想念法」	謝世輝著	90元
㊺創造成功奇蹟	謝世輝著	90元
㊻男女幽默趣典	劉華亭譯	90元
㊼幻想與成功	廖松濤譯	80元
㊽反派角色的啟示	廖松濤編譯	70元
㊾現代女性須知	劉華亭編著	75元
㊿一分鐘記憶術	廖玉山譯	90元
61機智說話術	劉華亭編譯	100元
62如何突破內向	姜倩怡編譯	110元
63扭轉自我的信念	黃　翔編譯	100元
64讀心術入門	王家成編譯	100元
65如何解除內心壓力	林美羽編著	110元
66取信於人的技巧	多湖輝著	110元
67如何培養堅強的自我	林美羽編著	90元
68自我能力的開拓	卓一凡編著	110元
69求職的藝術	吳秀美編譯	100元
70縱橫交涉術	嚴思圖編著	90元
71如何培養妳的魅力	劉文珊編著	90元
72魅力的力量	姜倩怡編著	90元
73金錢心理學	多湖輝著	100元
74語言的圈套	多湖輝著	110元
75個性膽怯者的成功術	廖松濤編譯	100元
76人性的光輝	文可式編著	90元
77如何建立自信心	諾曼・比爾著	90元
78驚人的速讀術	鐘文訓編譯	90元
79培養靈敏頭腦秘訣	廖玉山編著	90元
80夜晚心理術	鄭秀美編譯	80元
81如何做個成熟的女性	李玉瓊編著	80元
82現代女性成功術	劉文珊編著	90元
83成功說話技巧	梁惠珠編譯	100元
84人生的真諦	鐘文訓編譯	100元
85妳是人見人愛的女孩	廖松濤編著	120元
86精神緊張速解法	F・查爾斯著	90元
87指尖・頭腦體操	蕭京凌編譯	90元
88電話應對禮儀	蕭京凌編著	90元
89自我表現的威力	廖松濤編譯	100元
90名人名語啟示錄	喬家楓編著	100元
91男與女的哲思	程鐘梅編譯	110元
92靈思慧語	牧　風著	110元
93心靈夜語	牧　風著	100元
94激盪腦力訓練	廖松濤編譯	100元

㊵三分鐘頭腦活性法	廖玉山編譯	110元
㊶星期一的智慧	廖玉山編譯	100元
㊷溝通說服術	賴文琇編譯	100元
㊸超速讀超記憶法	廖松濤編譯	120元

•健康與美容•電腦編號04

①B型肝炎預防與治療	曾慧琪譯	130元
②胃部強健法	陳炳崑譯	90元
③媚酒傳（中國王朝秘酒）	陸明主編	120元
④藥酒與健康果菜汁	成玉主編	150元
⑤中國回春健康術	蔡一藩著	100元
⑥奇蹟的斷食療法	蘇燕謀譯	110元
⑦中國內功健康法	張惠珠著	100元
⑧健美食物法	陳炳崑譯	120元
⑨驚異的漢方療法	唐龍編著	90元
⑩不老強精食	唐龍編著	100元
⑪經脈美容法	月乃桂子著	90元
⑫五分鐘跳繩健身法	蘇明達譯	100元
⑬睡眠健康法	王家成譯	80元
⑭你就是名醫	張芳明譯	90元
⑮如何保護你的眼睛	蘇燕謀譯	70元
⑯自我指壓術	今井義睛著	120元
⑰室內身體鍛鍊法	陳炳崑譯	100元
⑱飲酒健康法	J・亞當姆斯著	100元
⑲釋迦長壽健康法	譚繼山譯	90元
⑳腳部按摩健康法	譚繼山譯	120元
㉑自律健康法	蘇明達譯	90元
㉒最新瑜伽自習	蘇燕謀譯	180元
㉓身心保健座右銘	張仁福著	160元
㉔腦中風家庭看護與運動治療	林振輝譯	100元
㉕秘傳醫學人相術	成玉主編	120元
㉖導引術入門(1)治療慢性病	成玉主編	110元
㉗導引術入門(2)健康・美容	成玉主編	110元
㉘導引術入門(3)身心健康法	成玉主編	110元
㉙妙用靈藥・蘆薈	李常傳譯	90元
㉚萬病回春百科	吳通華著	150元
㉛初次懷孕的10個月	成玉編譯	100元
㉜中國秘傳氣功治百病	陳炳崑編譯	130元
㉝蘆薈治萬病	李常傳譯	<售缺>
㉞仙人成仙術	陸明編譯	100元

㉟仙人長生不老學	陸明編譯	100元
㊱釋迦秘傳米粒刺激法	鐘文訓譯	120元
㊲痔・治療與預防	陸明編譯	130元
㊳自我防身絕技	陳炳崑編譯	120元
㊴運動不足時疲勞消除法	廖松濤譯	110元
㊵三溫暖健康法	鐘文訓編譯	90元
㊶癌症早期檢查法	廖松濤譯	120元
㊷維他命C新效果	鐘文訓譯	90元
㊸維他命與健康	鐘文訓譯	120元
㊹秘法！超級仙術入門	陸明編譯	100元
㊺森林浴—綠的健康法	劉華亭編譯	80元
㊻四季色彩美容學	吳秀美譯	120元
㊼導引術入門⑷酒浴健康法	成玉主編	90元
㊽導引術入門⑸不老回春法	成玉主編	90元
㊾山白竹（劍竹）健康法	鐘文訓譯	90元
㊿解救你的心臟	鐘文訓編譯	100元
51牙齒保健法	廖玉山譯	90元
52超人氣功法	陸明編譯	110元
53超能力秘密開發法	廖松濤譯	80元
54借力的奇蹟⑴	力拔山著	100元
55借力的奇蹟⑵	力拔山著	100元
56五分鐘小睡健康法	呂添發撰	100元
57禿髮、白髮預防與治療	陳炳崑撰	100元
58吃出健康藥膳	劉大器著	100元
59艾草健康法	張汝明編譯	90元
60一分鐘健康診斷	蕭京凌編譯	90元
61念術入門	黃靜香編譯	90元
62念術健康法	黃靜香編譯	90元
63健身回春法	梁惠珠編譯	100元
64姿勢養生法	黃秀娟編譯	90元
65仙人瞑想法	鐘文訓譯	120元
66人蔘的神效	林慶旺譯	100元
67奇穴治百病	吳通華著	120元
68中國傳統健康法	靳海東著	100元
69下半身減肥法	納他夏・史達賓著	110元
70使妳的肌膚更亮麗	楊　皓編譯	100元
71酵素健康法	楊　皓編譯	120元
72做一個快樂的病人	吳秀美譯	100元
73腰痛預防與治療	五味雅吉著	100元
74如何預防心臟病・腦中風	譚定長等著	100元
75少女的生理秘密	蕭京凌譯	120元

實用心理學講座

千葉大學
名譽教授 多湖輝／著

① *拆穿欺騙伎倆* 售價140元

你經常被花言巧語所矇騙嗎？
明白欺騙者的手法，爲自己設下防衛線

② *創造好構想* 售價140元

由小問題發現大問題
由偶然發現新問題
由新問題創造發明

③ *面對面心理術* 售價140元

面試、相親、商談或外務等…
僅有一次的見面，你絕不能失敗！

④ *僞裝心理術* 售價140元

使對方僞裝無所遁形
讓自己更湧自信的秘訣

⑤ *透視人性弱點* 售價140元

識破強者、充滿自信者的弱點
圓滿處理人際關係的心理技巧，

國立中央圖書館出版品預行編目資料

秘咒魔法開運術／吳慧玲編譯 --初版 --臺北市：大展，民83
面；　公分 --（命理與預言；29）
ISBN 957-557-418-4（平裝）

1. 符咒

295　　82009854

【版權所有・翻印必究】

ISBN 957-557-418-4

秘咒魔法開運術

編譯者／吳　慧　玲
發行人／蔡　森　明
出版者／大展出版社有限公司
社　址／台北市北投區（石牌）
致遠一路二段12巷1號
電　話／（02）8236031・8236033
傳　眞／（02）8272069
郵政劃撥／0166955－1
登記證／局版臺業字第2171號

法律顧問／劉　鈞　男　律師
承印者／高星企業有限公司
電　話／（02）3012514
排版者／千賓電腦打字有限公司
電　話／（02）8836052

初　版／1994年（民83年）1月

定　價／180元

●本書若有破損缺頁敬請寄回本社更換●

大展好書 好書大展

大展好書 好書大展